鹿人说

电商客服
实战技巧精粹

吴军 —— 著

人民邮电出版社

北　京

图书在版编目（CIP）数据

鹿人说：电商客服实战技巧精粹 / 吴军著. -- 北
京：人民邮电出版社，2022.1
ISBN 978-7-115-57497-8

Ⅰ．①鹿… Ⅱ．①吴… Ⅲ．①电子商务－商业经营－
中国 Ⅳ．①F724.6

中国版本图书馆CIP数据核字(2021)第200417号

内 容 提 要

电子商务的蓬勃发展改变了人们的购物习惯，网络购物已成为人们消费的主要趋势。
在此背景下，电商客服成为了各电商企业吸引和维系客户的关键资源。本书全流程介绍了
电商客服服务的方法、工具和技巧，并针对客服服务环节中的沟通话术、工具应用、联动
销售、客户投诉、协同工单、负面评价、退换货、物流，以及客服管理环节中的询单质检、
培训考核等典型问题，给出行之有效的解决方案，旨在帮助电商客服人员提高业务技能，
帮助客服主管提升客服管理能力。

本书可作为各类电商培训机构的客服培训教材，也可作为电商客服人员的自学用书。

◆ 著　　　　吴　军
责任编辑　牟桂玲
责任印制　王　郁　彭志环

◆ 人民邮电出版社出版发行　　北京市丰台区成寿寺路 11 号
邮编　100164　电子邮件　315@ptpress.com.cn
网址　https://www.ptpress.com.cn
北京天宇星印刷厂印刷

◆ 开本：700×1000　1/16
印张：10.25　　　　　　2022 年 1 月第 1 版
字数：154 千字　　　　2022 年 1 月北京第 1 次印刷

定价：69.00 元

读者服务热线：**(010)81055410**　印装质量热线：**(010)81055316**
反盗版热线：**(010)81055315**
广告经营许可证：京东市监广登字 20170147 号

RECOMMENDATION 推荐序

当你翻开这本书的时候，你就算进入"鹿人说"电商圈子了。在我们选择从事电商这个行业的时候，就应该知道这个行业是一个快速发展和变化的行业。它会促使我们必须通过大量的学习来紧跟这个行业的步伐。在工作中，我们会遇到无数的问题，需要利用正确的方法去解决它们。而这些正确的方法，是我们多年的工作积累和前人传授的经验。所以，要想在电商这个行业中"活"下来，且"活"得游刃有余，就得不断学习、交流、沟通。这是电商人的特质。

电商行业创造了大量的就业岗位，给了我们许多人改变命运的机会。同时，也产生了大量的电商领域的新知识，形成了新学科。而这些知识会随着电商行业的变化而不断迭代升级。每一次因为行业变化而学习的过程，就如同在网络游戏中打怪升级后，才能穿上匹配等级的"装备"。这个"装备"就是你掌握某类电商知识和岗位技能的大脑。

"鹿人说"对于很多新入行的电商人来说，可能有点陌生。可以说它是为了电商人而量身打造的，你选择了它，不如说你选择了自己的未来。"鹿人说"的创始初期，也只是一个分享电商知识的微信公众号。当时作为电商讲师的我，也只是简简单单地想把一些有价值的电商知识和实操经验，通过微信公众号分享给有需要的电商人。后来，随着许多电商人对"鹿人说"的认可以及对更多电商知识和实操经验的渴望，"鹿人说"成为了一本书，成为了一个视频媒体号，成为了一个在线学习的电商学校，甚至成为了一个学习交友的社群平台。很多"鹿友"应该还记得当初在社群里，被"不放弃任何一个真正想学习的电商人"这句话而"洗脑"，和一群从没见过面的电商人，一起辛苦熬夜做作业；被"引鹿人""拍砖"指导等。

这些年，"鹿人说"的初心一直没变：成就他人，成就自己，和真正的电商人在一起！一起讨论，一起学习，一起成长。把有用的电商知识分享给大家，把厉害的电商"牛人"推荐给大家。这就是"鹿人说"存在的价值。

随着电商行业的快速发展，电商购物变得更为普通且更为理性化。电商消费者也不是以前仅仅只是对产品的功能有所需求，其对产品的价值、客服的服务、售后的效率等方方面面的要求，也提升到了新的高度。客服，作为店铺与消费者之间交流、接触的重要"窗口"，其精神风貌、工作态度、语气语调等都会直接影响消费者的购物体验以及店铺的成交量。而《鹿人说 电商客服实战技巧精粹》这本书，汇聚了吴双休老师十多年的电商客服宝贵经验和心得，从客服的工具使用、沟通话术、联动销售、工作心态和客服管理等方面详细讲解了提升客服效率和质量的方法及路径。我们希望通过这本书，帮助电商客服人员提高业务技能，帮助客服主管提升客服管理能力，进而提升店铺的销售转化率。

"不懂客服的运营，不是好运营！"这是一句电商老话。在所有电商岗位中，电商客服应是最了解客户的，在为客户服务的过程中，可以了解客户的喜好、产品需求、使用场景、身份等具体信息，从而为店铺的运营推广、经营发展提供第一手信息。电商客服是电商发展的基石，只有重视客服的电商企业，才能在竞争激烈的电商行业里生存得更长久。

在电商行业发展的进程中，离不开像吴双休老师这样一批又一批的电商经验分享者。因为有了他们的经验铺路，我们才能少踩坑、少走弯路。所以，电商人，"无分享，不电商"。希望这本书能帮助更多的电商人，同时，也希望更多的电商人加入"鹿人说"，参加交流和分享。只有不断地学习、交流、沟通，促进自己对这个行业的认知，才能实现我们的那个"小目标"。

千里鹿

"鹿人说"系列图书总策划

"鹿人说共学堂"电商社群创始人

PREFACE 前言

从 2016 年至今，我已经不知不觉在公众号"吴双休"上发布了几百篇文章。我当初将其定义为客服专属公众号，也一直秉持着这个信念，给客服介绍平台的新规则、销售岗位的专业技能，以及服务和管理的一些经验技巧。当然，对于现实工作中的繁杂问题，这只是杯水车薪，但是每次看到小伙伴们的真诚留言，如"这篇内容对我非常有帮助""这个方法正好可以解决我目前的烦恼"等，我就觉得这份坚持比我认为的更有意义，我也想借此书感谢一直支持公众号的每一位小伙伴。

这次应人民邮电出版社的邀约，把近年来公众号中的内容整理成册出版，我感到非常荣幸，也希望本书能帮助到更多的电商人。2021 年是我从事电商的第 15 年，这期间电商经历了个人计算机时代的"野蛮生长"，也经历了移动互联网时代的分秒必争。电商，早就不是一个新鲜的词语了，但是和传统行业相比，电商依旧是个年轻的行业，每年有数以万计的人带着热情，同样也带着迷茫走进这个行业。这个行业的宗旨就是不断地创新，但是电商的商业核心——产品和服务是不变的。

因为本书由公众号内容整理而成，因此没有循序渐进的大纲，而是以问题为导向，经过多次筛选，挑选出客服岗位典型的案例，开门见山地告诉大家现实中可能会面临的具体问题，同时也提供了针对此类问题的解决方案。有些内容在电商行业的迭代中可能会略有变化，但是不会影响本书的核心内容。拥抱变化，从容应对，是从事电商行业的人员必备的技能之一。本书更适合搜索阅读的阅读方式，想解决哪个问题，直接翻到那一页，查看问题并分析解决方案，然后举一反三地解决你目前的工作难题。哪怕只是解决了几个问题，也是本书的意义所在。

本书分为 5 篇，整理了 47 个常见问题，展现了客服岗位的方方面面。基本工作技能篇主要以客服岗位的沟通技能为核心，带大家了解行业内优秀的客服如何通过沟通拉近和客户的距离，如何通过说服客户来影响其最终的消费决策。联动销售技能篇介绍的是销售的关键技巧：如何让进门的客户都下单，让下单的客户买得更多，让买过的客户再来买。销售的最终结果是靠对每一个服务细节的打磨来实现的，这一部分也许会让你发现那些被忽略的销售服务细节。接下来是职业素养提升篇，因为网购的特殊性，买家和卖家之间使用的不是一手交钱一手交货的传统交易方式，而是需要借助网络、平台、物流等多个环节，所以不确定因素随之增加，售后问题自然也会比传统的交易方式更多。处理售后问题从来不是一次销售的结束，而是另一次销售的开始。处理好每一个售后问题，是电商客服不可或缺的能力。客服管理技能篇中，提供了客服管理过程中 8 个常见问题的解决方案。但是对于客服这个流动性大、工作量大的基础岗位来说，很多新问题亟待发现和解决。本部分罗列的这些问题仅仅是冰山一角，但是对于核心的质检和绩效都会有所涉及，希望能解大家的燃眉之急。优秀团队的作用永远大于优秀个人的作用，优秀的客服团队更需要一位优秀的主管。如果你正处在这个位置，有什么理由不快速掌握这些工作中的必备技能呢？客服工具应用篇这部分内容适合主管们用来打磨自己的培训体系，更适合新手客服用来快速掌握客服工具的使用方法，让新手客服能快速融入岗位中。

希望我 15 年的电商从业经历、8 年的专业培训经验，能给大家带来一些启发。客服不是只会机械回复的"打工人"，而是会自主思考的"销售人"。客服应了解客户需求，懂得平台规则，掌握销售技能，并且能洞察客户的心理，把"客服"变成一个闪亮的名词。最终成为什么样的客服人员是你自己的选择。本书无法帮你"速成"，但是会为你解惑和助力，让你在客服的路上少走弯路。

感谢每一位打开本书的电商人，有你们的加入，电商这个行业会更加生机勃勃；感谢每一位阅读后给予指正的读者，有你们的帮助，我会在分享的道路上走得更远。最后，以我们公司的口号作为结束语——做客服，我们是认真的！

吴军（吴双休）
2021 年 8 月 8 日

CONTENTS 目录

第 1 篇　基本工作技能篇

第 2 篇　联动销售技能篇

第3篇 职业素养提升篇

第4篇 客服管理技能篇

第 5 篇　客服工具应用篇

麂人说

第 1 篇
基本工作技能篇

客服主管在群内讨论为什么客服都不愿意做售后客服的问题。小兰主管提出了自己的看法，如图 1-1 所示。其实客服不仅要了解产品、掌握销售技巧，还要懂心理学，在理解客户的基础上更好地解决问题，而不是"一刀切"。

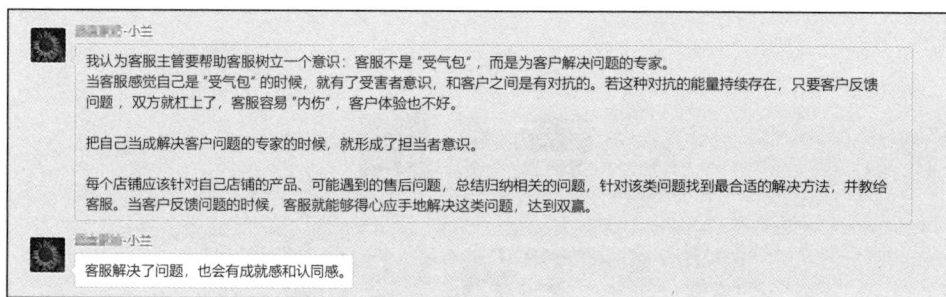

> **小兰**
>
> 我认为客服主管要帮助客服树立一个意识：客服不是"受气包"，而是为客户解决问题的专家。
> 当客服感觉自己是"受气包"的时候，就有了受害者意识，和客户之间是有对抗的。若这种对抗的能量持续存在，只要客户反馈问题，双方就杠上了，客服容易"内伤"，客户体验也不好。
>
> 把自己当成解决客户问题的专家的时候，就形成了担当者意识。
>
> 每个店铺应该针对自己店铺的产品、可能遇到的售后问题，总结归纳相关的问题，针对该类问题找到最合适的解决方法，并教给客服。当客户反馈问题的时候，客服就能够得心应手地解决这类问题，达到双赢。
>
> **小兰**
>
> 客服解决了问题，也会有成就感和认同感。

图 1-1

很多客服团队都会面临这样的问题：部分客服发自内心地抵触做售后客服。这时客服主管如果只是单纯地作出客服抗压能力不行的判断，那可能就把问题想简单了。售后客服是一个非常重要的岗位，售后工作做得好，不仅能避免纠纷、投诉，提升客户满意度，而且能提升店铺回购率。售后不是销售的结束，而是新一轮销售的开始。

那么到底如何做好售后客服呢？

其实很简单，只要把握以下 3 个原则，人人都可以成为一个优秀的客户问题解决专家。

1. 摆正心态

我曾经问过一个非常厉害的售后客服："为什么你处理售后问题时总是那么淡定，而且能让绝大多数客户满意，而有的客服遇到售后问题时，总是委曲求全，结果不仅自己生闷气，客户最后还不满意？"她就说了这样一句话："客户是来解决问题的，而只要是问题就会有答案。"是的，这就是她的心态：所有的问题最终都会被解决，既然问题一定会被解决，为什么要带着那么多情绪来处理呢？

就和图1-1中小兰主管说的一样，如果售后客服形成固定的思维模式，觉得客户就是难沟通，售后客服就是"受气包"，就会不断地自我"证实"这种结论。而实际上是这样吗？大家静心想想，95%甚至更多的客户，找售后客服就是为了解决问题，一般售后客服按照店铺的规定就能顺利地完成售后服务工作。特别难沟通的客户实际上并不多。那为什么售后客服会觉得客户难以沟通呢？这是因为很多时候，售后客服只看见了真实世界中自己想看到的那一部分，固定的思维模式局限了他们的认知。因此是时候重新定位售后客服的意义了。一旦跳出"受气包"这个设定，放弃潜意识里的对抗立场，我相信每一位售后客服都能成为解决客户问题的专家。让一个怒气冲冲的客户满意而归，这不是一件非常有成就感的事情吗？

当思维模式从售后问题难解决转变为售后问题最终都会被解决时，一切就会迎刃而解。

2. 用好权限

我一直不觉得售后客服特别难做，我做售后客服的时候，由于我老板的原则就是一切以客户需求为导向，所以他给了我足够的权限，只要客户提出的要求不是无理的，店铺都会尽量满足。但是实际上很多店铺并没有给售后客服应有的权限。例如，有些客户因为商品有瑕疵但不影响使用，所以想在不退货的前提下申请一些差价补偿，但是店铺的规定特别死板，比如最多只能补偿10元，超过这个标准就要求客户退货。此时店铺应当明确究竟是退货损失大，还是补偿损失大？如果客户需要退货，售后客服按照店铺规定引导退货顺理成章，但是如果客户已经表明不想退货的立场，售后客服还是需要有一定的售后权限来满足客户的需求的。

也有少数强硬的店铺，认为不能惯着客户的"毛病"，只要店铺没错、没违规，售后客服就不应妥协。可是这样的话，就算争辩赢了，客户通常也会给差评并不再购买该店铺的商品，这次店铺的损失虽小，但其他客户的购买决策可能会受影响。客户购物时，也许不会咨询客服，但是一定会看店铺的中差评和追加评价，这种差评估计会劝退很多潜在的客户。

大家可能会说，纵容客户是没有原则的表现。但做生意讲究以和为贵，只要店铺越做越好，在这里吃的亏，还怕赚不回来吗？不必过于在意个别得失，每个店铺在经营过程中都会有一定的损耗，对个别客户的补偿方案，可当作亏损计算项。越快处理好售后问题，客户满意度就越高；相反，售后问题处理时间拖得长，最终只会导致"爆炸"，这个"爆炸"可能来自客户，也可能来自售后客服。

3. 灵活处理

现今，购物时咨询客服的客户越来越少，但是当遇到售后问题时，客户还是会主动向售后客服确认的。可是很多店铺的售后客服处理售后问题比机器人还机械，比如客户反馈未收到商品，售后客服不管是否有物流信息、商品是否已派送等情况，就直接告诉客户"受疫情影响，物流延迟，请耐心等待"。服务第一次来查询的客户时，这种答复勉强能够过关；服务多次查询的客户时，这种千篇一律的答复就是禁忌。

客户前来寻求售后客服的帮助，往往是基于多方面的需求。针对不同需求，一概而论地处理只能激化矛盾。很多时候，退货是不能解决问题的，客户到底是单纯地抱怨还是寻求补偿，抑或是非退不可，售后客服需要根据实际情况精准判断并灵活处理。

【实例1】

客户： 你好，苹果收到了，没有上次的好吃。

客服： 亲亲，苹果因为采摘的时间和批次不同，口感确实会略有不同。

客户： 上次的苹果更大、更甜一些。

客服： 我们的苹果都来自同一个地方，因为当地的昼夜温差大，所以苹果都果大汁甜，很多客户都会和您一样回购。

客服： 关于您反馈的问题，苹果大小确实会有不同，但基本都是直径85毫米左右的果子。快递一盒的限制重量为10斤，为了满足这一条件，有时会放入个别的小果。

客户： 嗯，下次还是麻烦发大一些的果子。

客服：好的，这边帮您备注了。其实有些客户觉得大果一个吃不掉，觉得中果分量正好，亲亲可能比较爱吃大苹果。

　　店铺的老客户反馈这次的苹果没有上次的大、甜，客户可能只是来抱怨一下，那售后客服就可以说明一下因季节或者快递问题，两次的苹果略有不同。客服还可以告诉客户自己已经备注她的喜好，下次发货时会特别注意，或者再说明吃苹果的好处。不管聊什么，都比直接引导客户退货的效果好。

【实例2】 ━━━━━━━━━━━━━━━━━━━━━━━━━━━━━━━━━

客户：衣服收到了，但是感觉肩膀有点不对称。

客服：那麻烦您申请退货吧。

客户：我这边快递不上门取件，退货还得去镇上。

客服：那我们也没办法呀，若退货回来检查商品确实有问题，我们来承担快递费。

客户：那你们退点差价，我就不退货了。

客服：亲亲，这款是高弹力的打底衫，从您拍的图片来看，压根不影响穿呀，我们没办法给您退差价。

客户：对比衣服两个肩膀，确实有差别呀。

客服：那还是麻烦您申请退货吧。

　　客户说商品有瑕疵，但是又强调退货不方便，此时，售后客服却只是一味地引导客户退货，这合适吗？售后客服可以主动询问客户商品瑕疵是否影响使用。如果影响使用，那就建议她换货，毕竟品质第一；如果客户的答复是不影响，就及时给出几种合适的补偿方案，让客户自己在几种方案中选择。

　　关于客户对店铺商品的疑虑，客服可以提前准备经常被问到的问题（Frequently Asked Questions，FAQ）的应答方案，用足够的专业知识打消客户的疑虑。表 1-1 是某店铺的客服针对奶粉商品整理的 FAQ。

表 1–1

不溶解	由于季节等因素，原料的溶解度有些差异，所以在冲调过程中可能会有少量不溶解颗粒粘壁或沉淀的现象。这些不溶解颗粒都是正常的奶粉颗粒，不影响本身的营养成分和食用
不正确冲调	亲，水温太高（正常为40℃左右）会导致奶粉中的蛋白质凝固；水温太低会导致溶解不完全或瓶上有结块

续表

便便	用配方奶喂养的宝宝大便较少，大便通常会干燥、粗糙一些，稍硬如硬膏，如果宝宝消化没问题，大便通常会是土黄色或金黄色的
分勺冲调	在冲调奶粉的过程中，如果部分奶粉和水接触不够充分，会造成难溶解的情况。建议您采取分勺冲调的方式，如先准备 40℃左右的温开水，加入一勺奶粉，轻轻摇晃使其溶解，再放入第二勺奶粉，再轻轻摇晃，最后加第三勺奶粉。这样的方式可以使奶粉和水充分接触，进而提高溶解度
异物	我们非常理解您的心情。出现此情况有很多不确定的因素。奶粉在生产过程中经过杀菌、高温喷粉、筛网、X 光照射等工艺，并且是通过官方渠道进口的、经过质检的产品
奶液发咸	亲，奶液发咸可能与冲调的水有关，如果当地的水中矿物质含量偏高，可能会出现口感发咸的现象。另外，每个人的饮食习惯不同，对咸味的敏感度不同，不同的人在饮用同一种奶液时会得到不同的口感。所以口感略带咸味的奶液不会对人体造成影响，请放心饮用
偏甜	因奶源及原材料受季节影响，奶粉粉质、颜色、颗粒大小、气味以及冲调后的口感都会略有不同，所以您会感觉您收到的这批次的奶粉口感偏甜

当售后客服摆正心态、有足够的权限，并能够洞察客户的真实需求时，就能游刃有余地解决售后问题。

读书读记

02 优化沟通关系，管理沟通情绪，实现与客户的有效沟通

客服的沟通能力直接决定了销售业绩。我曾在某品牌美妆店咨询某产品，客服的回复前言不搭后语，这导致我直接取消了已付定金的订单。相信很多客户也遇到过和我一样的情况。订单流失，很多时候不是商品导致的，而是卖商品的人导致的。那么客服在服务的过程中，应如何与客户实现有效的沟通呢？

1. 优化沟通关系

客服在服务时容易有被害者心态，总觉得自己是"受气包"，认为自己总是要满足客户千奇百怪、得寸进尺的要求，这样，客服就把客户放在了自己的对立面上，客户和客服就变成了敌我关系。敌我关系是什么？即不是你死就是我活的关系。客服要做的是什么？是实现共赢，既让店铺赚到钱，又让客户选到满意的东西。

大家可能会说，你说得简单，客户议价怎么办，客户遇到售后问题得理不饶人怎么办？在客服的工作中，这些问题几乎每时每刻都会发生。看似利益不同的双方，如何保持良好的沟通关系呢？这就需要我们学会把沟通的问题外化。

把沟通的问题外化需要我们做 3 个"小动作"。第一，确定共同的目标。大家冷静地想一下，客户来找售后客服，是为了吵架还是为了解决问题？大家肯定会说当然是来解决问题的。可是为什么到最后，双方都各说各的理，却忘记了共同的目标是尽快地解决问题。第二，改变问题和人的相对位置。例如，"亲亲，您看现在问题已经发生了，您的心情我们是非常理解的，我们能否商量下如何解决这个问题，进而降低损失呢？"这时候，客户和客服是在同一侧的，他们的敌人不是彼此，而是被放在对立面上的问题；局面就变成了并非客服和客户在对峙，而是双方共同来应对问题。第三，产生结果。

这个时候客户可能就会提出他想要的方案，如经济补偿、售后维修，或者退换货，但是不管是什么方案，最终都是为了解决问题，客服不要一直试图说服客户接受自己的解决方案。

优化沟通关系，不是放低说话的姿态和向利益妥协，而是把问题和人分开，做到人是人，问题是问题。这样客服不会觉得自己做这个工作很委屈，因为自己是真正解决问题的专家；客户也不会觉得遇到售后问题很烦躁，因为客服不是只会一味地说明解释。对事，我们要做到条理清晰、有原则；对人，我们要做到友好和善。

2. 管理沟通情绪

很多时候，沟通失败是因为情绪失控了。如果我们没有把问题外化，很多时候，问题就会变成人与人之间的矛盾。售前服务不好，最严重的后果也不过是转化率低，但若售后服务不好，就会导致收到差评或被投诉。同时，客服也会生气，觉得怎么有这么不讲理的客户。那沟通时如何管理自己的情绪，不至于让场面失控呢？这里有两个小妙招。

第一个小妙招是停顿。估计每个人都有过这样的经历，通常冷静后才会觉得这件事不值得生气，不明白自己当时为什么要那么生气，可能还会为自己说了一些不可挽回的话而感到后悔。为什么情绪会控制理智呢？这是因为情绪和理性是由大脑的不同部分控制的。科学研究表明，人类的情绪由大脑的中层控制，它对外界的反应非常敏感，会被一点小小的刺激触发，而控制理性的部分是大脑外部的皮层，控制情绪的中层的反应比控制理性的皮层的反应要快 3 ～ 15 秒。

客服处理售后问题的过程中，当感觉情绪不对时，可以尝试停顿一下，对客户说确认后会尽快回复，几十秒后理智就会回来了。

第二个小妙招是吃东西。很多时候我们所认为的情绪问题，其实可能只是饿了。大家回想一下，是不是觉得自己饿肚子的时候脾气更坏一些？客服在沟通处理问题时，特别是处理一些争议问题时，需要高度专注，这是很耗费能量的。人类的大脑虽然只占体重的 2%，但是消耗的能量却超过消耗的总能量的 20%，很多时候看起来没礼貌的人，可能只是能量不足，是吃不好、睡不好的人。

　　客服可以尝试在身边放点小零食，遇见比较麻烦的售后问题时，吃一点零食补充能量，会更容易稳定自己的情绪，确保自己不被客户的情绪影响，这样才能更清楚地理解客户的需求。

　　沟通是一门学问，也是客服必备的工作技能之一。客服只有掌握沟通技术，才能让沟通变得有效。与客户沟通时，要语气委婉，要多用请求句，少用否定句，要尊重客户，要积极沟通，要态度真诚，这样客户才愿意合作。

读书读记

03 有技巧地处理客户指定快递的问题，提高客户留存率

随着网购的发展，物流的网点越来越多，大多数城市快递都是可以送达的。但仍存在部分快递没有覆盖的区域，或者客户在下单时指定某个快递的情况。中小店铺无法与所有的快递公司合作，当客户指定的快递不在店铺的合作范围时，客服该如何处理呢？

最常见的回答方式就是直接告知客户可选择的快递。但这样的回答方式可能导致两个问题：一是客户觉得店铺服务不周到，态度强硬；二是客户可能因为无法派送或者对某快递员印象太差，直接选择放弃订单，降低客服的询单转化率。

正确的解决方式是客服可以主动询问客户是否能收到店铺合作的快递，如果客户说可以收到，建议追问客户不选择店铺合作的快递的原因，原因一般是快递员的态度不好。

接下来，客服首先要安抚客户，表达理解客户对快递员的不满情绪，然后顺着客户的话说："现在快递公司的业务量都比较大，部分快递员的态度确实比较强硬，但是现在是可以给快递员评分的。我们小区之前的快递员的服务态度也不好，现在换了一个快递员，他服务态度好多了（现在淘宝有快递评价功能，快递服务也在逐渐完善）。"客服可以通过讲述这样的亲身经历，打消客户的疑虑，使其抱着尝试心态下单。

如果客户还是心怀疑虑，因快递员态度而犹豫是否下单，客服可以表明负责的态度，说："亲放心，如果派送中出现任何问题，亲可以联系我们，我们将第一时间帮亲联系快递公司，或者投诉快递员，一定保证宝贝顺利地到亲手里。"

如果这样还是没有效果，客服可以耐心说明合作快递的优势，如安全、速度快、有投诉追踪的渠道。分析之后，多数客户会优先考虑让人更有安全感的快递，毕竟收到商品才是最终目的。

快递选择虽然只是影响购物的一个因素，但是若处理不好，也可能成为

决定性的因素。对于客户提出的任何可能影响询单转化率的问题，客服都应积极给出良好的建议，让客户打消购物疑虑，顺利完成下单。

对比实例 1 和实例 2 中客服的处理方式，如果你是客户，会选择在哪家网店下单？

【实例1】

客户： 你们发什么快递？

客服： × 通快递。

客户： 我这里 × 通派送不到，可以发其他快递吗？

客服： 你可以申请退款，或者加邮费发其他快递。

客户： 需要加多少钱呢？

客服： 邮费参考官网价格。

客服回复生硬，看见客户说换快递，就想让客户退款或者加钱，所以客户最终可能不会下单。

再来看看实例 2 中的客服是如何处理的。

【实例2】

客服： 我们主要发 × 通，您看可以送到吗？

客户： × 通服务态度不好呢，可以选择其他快递吗？

客服： 亲亲，咱们合作的主要是 × 通快递。

客服： 有时候快递员一忙起来，确实不太友好，但是我们合作的快递的速度和安全性都更有保障一些。

客户： 好吧，如果他们不送我再来找你。

客服： 亲亲，您放心，如果出现派送不及时等情况，我们会帮您解决的。

客户： 好的。

客服非常合时宜地顺着客户，表达和客户一样的立场，让客户感觉被理解，结果当然是成功交易。同样是指定快递的问题，不同的处理方式会产生不同的结果：一个订单流失，另一个成功交易。

售前，快递影响客户的购买决策，售后，快递也影响店铺的综合体验得分，而物流恰恰又是网购不可省略的服务环节，客服需要在服务过程中打消客户的疑虑，让客户售后无忧，放心选购。

04 用好物流查询工具，在线跟踪物流进度

网购的客户会随时跟进物流进度，并会催促客服。

很多客服会觉得物流不是自己能控制的，但经常因物流问题受到客户的责难，因而感觉有些委屈。其实换个角度想，客户买了喜爱的东西，但许久都收不到，能不着急吗？这时候，客户不找店铺客服能找谁呢？客服同样也是消费者，换位思考一下，就能理解客户焦急的心情。所以，客服要对自己店铺的发货时间、物流进度等有清晰的了解，然后据此给客户一个满意的反馈。

对于客户催单问题，一般的处理流程如下。

查看物流状态—分析原因并告知客户—继续跟进物流进度并落实反馈。

1. 查看物流状态

对于客户咨询的物流问题，客服通常都是直接查看订单里的物流进度，但有时候物流信息更新会有延迟，所以客服要学会借助快递公司官网（见图4-1）或者快递100等综合网站查询物流进度，这些网站的物流信息更新速度相对较快，尤其是在商品大促期间。

图 4-1

2. 分析原因并告知客户

客服应根据物流状态分析物流异常的原因，并在 3 分钟内告知客户原因及解决方案，安抚客户情绪，获得客户的理解。

客服可以通过网页显示的物流中转时间、派送状态，来判断物流状态是否异常，如果查询结果是正常，那么客服可以把物流状态截图发给客户，并安抚客户："亲，您的包裹已到了××，大约在×× 时会派送，请耐心等待。"

如果通过查询，确认包裹到了当地两天还没派送，那么客服就要给客户吃颗"定心丸"，告知客户："亲亲，您别担心，我这就去给您查询，若确认丢件，店铺会重新发出的。"然后去找快递公司了解情况。长时间没派送，大多是节假日或者天气原因导致的，和快递公司确认好信息后，及时将其反馈给客户："亲亲，已帮您联系快递公司了，因为最近天气恶劣，所以派送延迟了，已让快递员尽快给您派送。"

到这里，服务并没有结束，只要客户没有安全地收到包裹，客服都需要进行下一步的跟进服务。

3. 继续跟进物流进度并落实反馈

很多时候客户来找客服查询物流状态，客服会帮其查询物流状态或者及时联系快递公司，但是也就止步于此了。我有一次麻烦客服查询物流状态，第二天又收到客服的留言："亲亲，这边帮您跟进物流信息，提示已派送，请问是否收到了？"我说："收到了，谢谢。"客服说："应该的，很开心为您服务，如果商品在使用过程中有任何问题，随时咨询小七。"我当时就感觉特别暖心，不仅给了客服一个好评，而且对这次的服务印象深刻，也推荐了其他朋友去这家店购物。

服务的关键就在于这些细节，客服多说一句话，多做一件事，都会提升客户的购物体验。

没有结果的服务，都是敷衍的假服务。在告知客户物流状态等信息后，客服要继续跟进物流进度、快递派送进度，并积极反馈给客户，直到商品安全到达客户手中，并引导客户给予评价。

05 及时处理协同工单，降低店铺的纠纷退款率

某客服在工作时，旺旺突然弹出一个工单消息（见图5-1）。该客服去后台查看，没发现有售后投诉的订单，更没有平台小二介入的订单，以为只是普通的系统消息，就转给主管了。主管也以为不重要，没有及时进行处理。其实协同工单是需要在24小时内及时处理的。

按照规定，店铺收到协同工单后24小时内必须联系消费者，联系形式不限（旺旺、电话、短信等），但联系时间早于工单生成时间是不符合处理标准的。

店铺若未及时处理协同工单，平台客服将介入，并根据《淘宝平台争议处理规则》进行纠纷判责（判责后

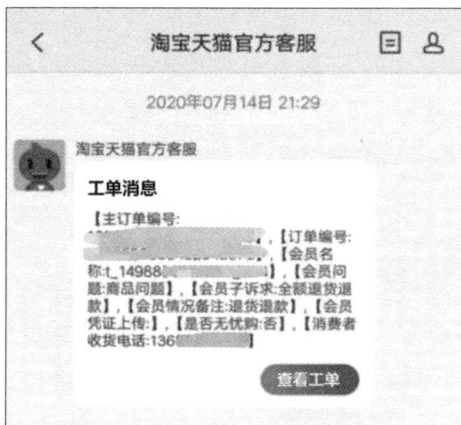

图 5-1

将计入纠纷退款率指标），该规则已于2020年7月20日正式开始执行。

对所有协同工单，店铺应在尽力与消费者协商后如实填写。提交给平台的所有凭证，不得造假。若有造假，情节一般的，视为一般违规，每次扣12分；情节严重的，视为严重违规，每次扣48分。

可能有客服开始迷惑了，这名客服不是去后台查询了，并没有看到小二介入的订单吗？那这个协同工单到底是从哪里来的？

协同工单是平台的小二提交给店铺的。买家通过手机淘宝的"客服小蜜"或电话投诉等各种形式，向平台发起了求助，然后平台的小二再把买家的诉求提交给店铺。因为买家是通过订单以外的渠道进行申诉的，所以后台并不显示售后投诉的订单。

后台没有显示售后投诉的订单，客服接到工单消息，又该去哪里处理呢？

（1）开通了千牛售后服务平台（简称 AG）的商家，可以在 AG 的商家协同工单中处理（见图 5-2）。

图 5-2

（2）没有开通 AG 的商家，可以在千牛的工单中心里直接处理（见图 5-3）。

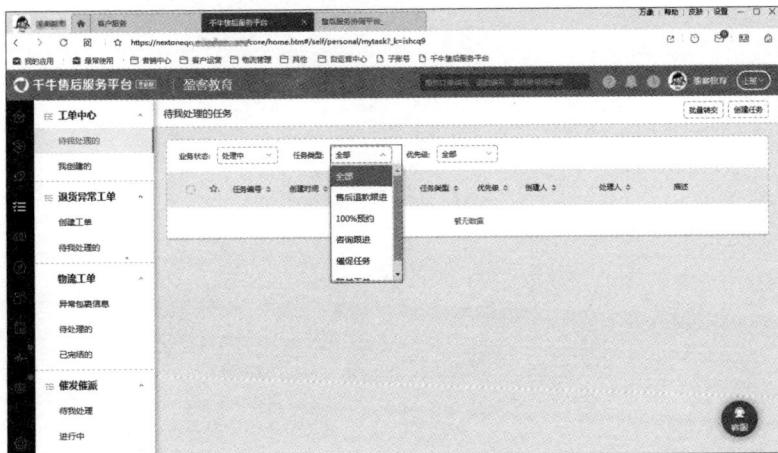

图 5-3

查到协同工单后，客服需要第一时间联系买家，联系形式不限，如旺旺、电话、短信等。这个时候客服可能会产生新的疑虑，万一在规定时间内联系不上买家怎么办？

系统会在协同工单里提供买家可用的联系方式，若店铺多次尝试仍无法联系上，可在协同工单中选择"未解决—未联系上"，并准备好联系凭证，等待小二核实。

有些店铺可能还是会担心，24 小时内要及时处理工单，否则可能会被判定为纠纷退款，那么怎么才能避免遗漏工单呢？

（1）收藏显示工单的网页，设置工单标签页，每天派专人查看是否有未处理的工单。

（2）可以通过千牛的消息中心中的【消息订阅】功能，设置消息提醒。

（3）将工单分配给客服，并给客服授权，这样待处理的工单会直接显示在千牛的智能客服页面（见图 5-4）。

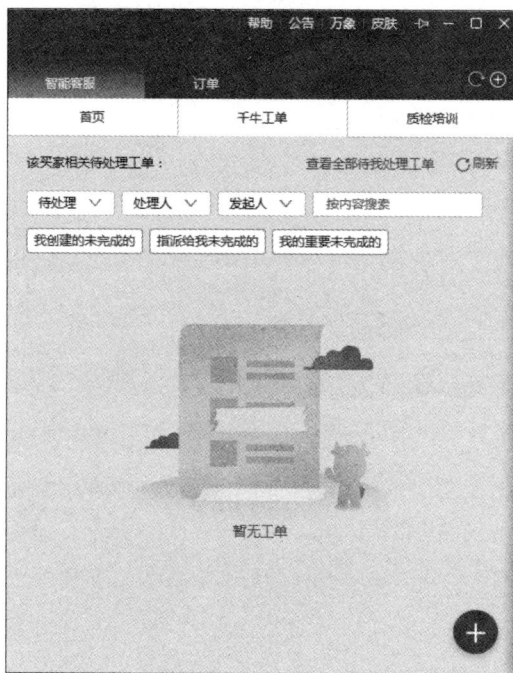

图 5-4

（4）因工单处理结果无法编辑，建议在领取工单时就把实际情况和处理方案填写进去。

简而言之，首先，店铺要重视工单的处理，因为这会直接影响店铺的纠纷退款率；其次，店铺要了解什么是工单以及工单如何产生；最后，店铺还要掌握工单的查询和处理方式。

06 嫌货人才是买货人，从"不可能"中发现成交契机

最近我看了一档综艺节目——《挑战不可能》，节目中会有一些选手来挑战在常人看来不可能完成的任务。而下面我要和大家分享的实例，可以说是客服界的"挑战不可能"。这个例子的主人公是某团队的一名优秀客服——小方，店铺销售的商品是雨伞，小方通过服务完成了两次看似不可能的销售，大家也可以一起思考下，那些流失的客户真的是不可能挽回的客户吗？

1. 和 × 品牌比高下

先简单介绍一下这个实例的背景：客户拍下一把伞，过了一会儿却来申请退款，而且给的理由让人很难拒绝，因为客户想选择品牌更响亮的 × 品牌伞。然而，小方与这个客户沟通的结果却是，客户不仅没退款，反而多买了一把伞。想知道发生了什么事吗？我们一起来看实例 1，看看客服是如何挑战不可能的。

【实例 1】

客户： 你好，在吗？我拍错了，麻烦退款，不好意思啊。

客服： 亲亲，晚上好，我是晚班客服小方，很高兴为您服务。

客服： 在的，您现在需要购买哪款呢？

客户： 不用了，退款就好了，我刚买了一把 × 品牌二折伞。

客服： 您说的这个品牌是个老牌子，口碑很好，这个是事实，可是单从质量上来说，您在咱们店铺选购的这把雨伞采用的是全玻璃纤维材质，耐用、耐磨、不易断，永不生锈，质量有保障，您可以放心购买。

客户： 嗯，谢谢提醒。

客服： 咱们店铺的雨伞是终身保修，使用中遇见任何问题，随时联系我们，我们有专业的售后团队为您服务，购物无忧。

客户：知道啦。

客服：而且今天做老客户的回馈活动，只剩下两个名额了，新品半价销售。

客户：哪款呀？

（客服发了产品链接）

客户：这个可以。

客服：仅剩最后两个名额，错过非常可惜。

客户：直接拍下改价格吗？

客服：亲亲，收到货后可以找客服返差价的。

客户：好的，我拍下了。

首先客服肯定了客户的看法，老牌子口碑好，但是咱们有撒手锏，那就是终身保修，后顾无忧。

接着客户并没有明确表态，可能还是想退款，客服推出店铺做活动的一把伞，用活动优惠来吸引客户，可以看到客户很快就动心了。

最后客服再次强调活动名额，让客户产生了紧迫感，直接拍下了另一把伞。

这套组合拳打得非常漂亮。相信很多中小卖家都会遇见这样的问题：咱们的质量不亚于很多品牌，但还是难以避免客户的质疑。对于此类问题，客服不能否定客户的想法，因为在销售的过程中，随意贬低竞争对手并不是明智之举。正确的处理方法是在肯定客户的想法之后，再说自己商品的优势，让客户动摇，先吸引客户，再趁机推出活动打动客户，最后用名额有限的紧迫感来促成客户的购物行为。

2. 论失恋之得失

实例背景：一个姑娘买了伞，想送给男朋友，谁知道天有不测风云，伞还没送出去，她就分手了，因此她想退货。而小方通过和这个客户沟通，最终使客户买下了这一"悲伤纪念品"，将不可能变成了可能。一起来看实例吧。

【实例2】

客户：你好，在吗？

客服：亲亲，晚上好，有什么需要为您服务的吗？

客户：我想退货，标签没拆，什么都没动。

客服：请问是什么问题呢？对雨伞哪里不满意吗？

客户：我本来想送男朋友的，可是男朋友昨天和我分手了，我不想要了。

（客服遇到这样的事，也稍微愣了一下，给这个失恋的客户发了一个"抱抱"的表情。）

客户：哎，伤心，可以退货吗？

客服：亲亲，您男朋友可能只是赌气，把这把伞送出去，一切让他随风逝去吧。

客户：……你太坏了。

客服：没有呢，我也有类似的经历，恋人总是分分合合，有时候小吵小闹还能加深感情呢。

客户：不是的，我们都是初恋，太不成熟。

客服：不打算挽回一下吗？说不定借着送礼物，正好可以再缓和一下关系。

客户：没用的，现在这样也不错。

客服：要不这样吧，看您今天心情也特别不好，我们今天有回馈老客户的活动，伞您要是不退，就帮您申请 20 元的现金回馈，您看怎么样？

客户：天啊，还有这么好的事，行呀！

客服：是呀，您要是退货还要出运费，反正伞自己也能用的。

客户：是的。

　　阅读这个实例时，可能很多读者的关注点都在失恋的姑娘身上。接下来我们还是回到实例中客服的处理方法上吧。

　　首先，这个退货理由几乎是难以拒绝的，客户都分手了，留着没送出去的礼物也是徒增伤悲。客服看到这样的消息后，先发了一个"抱抱"的表情，表达对客户的共情，然后以一个过来人的身份和客户谈起心来。大家可以看到，姑娘说他们昨天才分手，这种决定可能是冲动做出的，所以客服说分分合合都是正常的，此时客服不是在劝说客户留下一把伞，而是劝她可以挽留这段感情。

　　接着，客服看出客户此刻的心灰意懒，再继续该话题也是于事无补。所以客服提出给客户申请 20 元的现金回馈。关键时刻，客户放弃了退货的决定。

　　在这两个关于退货的实例中，客户都提出了看似不可能拒绝的退货理由，但是客服一敢和 × 品牌比高下，二敢论失恋之得失，由此挽回了两个差点流失的客户。

07 有技巧地处理置顶的负面评价，提高店铺转化率

当店铺转化率突然下降时，店铺管理者的第一反应一般是查流量，若发现流量变化不大，就会怪平台每月都有各种促销活动，认为自己店铺的转化率就是被那些促销活动影响了。可是据数据统计，淘宝多数店铺都是做日销的，为什么家的转化率波动不大呢？

店铺管理者往往会忽略一个细节，那就是店铺商品的评价对转化率的影响，特别是置顶和首页的评价！现在就可以打开手机淘宝，看看自家店铺的商品的评价，如果排在前面的都是一些负面的评价，那本期内容正好能帮助你改善现状。

1. 修改评价

淘宝集市店是卖家市场的重要组成部分。收到中差评后，客服需要主动联系和协助客户。很多时候，客户可能是冲动评价的，沟通后大多数客户是愿意修改评价的。但是在操作的过程中，有时候客户会因一些细节问题而放弃修改，所以在售后服务中，客服要尽量减少客户操作的步骤，最好能让客户一键操作。现在，客户基本都是在手机端购买商品的，可是有些客服会引导客户在计算机上修改中差评。有的客户嫌操作麻烦，不愿意特意用计算机登录修改，最终协商失败。

其实在手机端就可以直接修改评价，只是修改的入口隐藏得有点深，第一次修改评价的客户很难发现。客户修改评价只需要两步，操作也并不复杂，用大段文字表述可能会让客户产生操作很麻烦的错觉，因此建议客服使用文字配合图片的说明方法。具体的操作如图7-1所示。

第一步： 选择【我的淘宝】→【我的评价】。

第二步： 单击页面中的那个非常不明显的小省略号，就可以修改评价了。

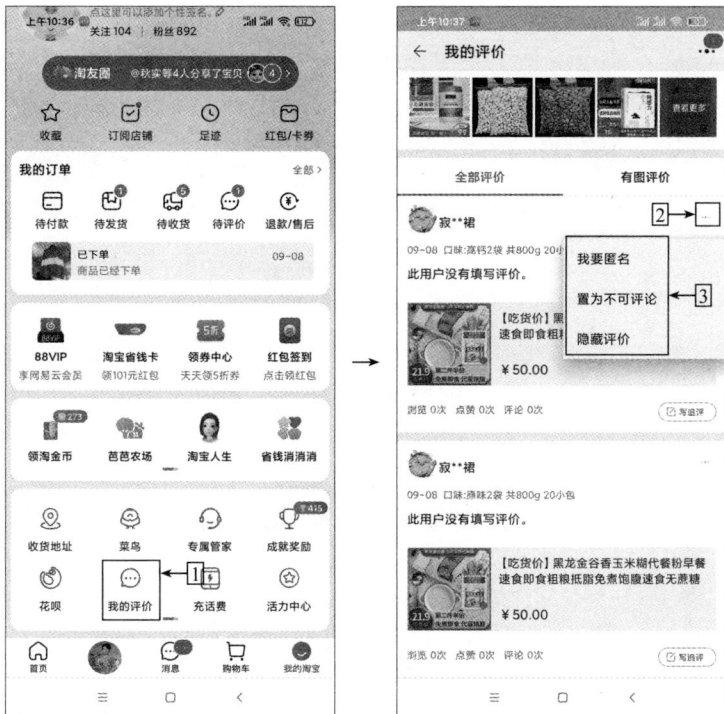

图 7-1

客服在联系客户修改中差评的时候，应尽量把操作步骤说得简单明了，最好让客户感觉就是动一下手指的事情，这样客户配合的意愿就会强一些，修改评价的成功率也会更高。

天猫店铺的评价没有办法删除，但是客服可以引导客户删除他们"晒"出的不良商品图片。没有图片的负面评价的视觉冲击力会小一些，而且评价排序也会靠后。原理还是一样的，操作简单明了最好（见图 7-2）。

操作步骤：选择【我的淘宝】→【专属管家】或【客服小蜜】，输入【评价管理】，单击【评价管理（电脑版）】，再单击【给他人的评价】，在弹出的界面中选择删除相应的图片。

2. 投诉评价

在天猫店铺中，一大段负面评价是不能修改或者删除的，就算店铺没有中差评，这对单品转化的影响依然很大，是不是就没办法了？

虽然无法删除负面评价，但是客服可以合理地利用投诉评价工具，如果投诉成立，评价将会被屏蔽。

（a）　　　　　　　　　（b）　　　　　　　　　（c）

（d）

图 7-2

比如，若评价里含有电话号码、QQ 号或者第三方平台的销售信息，商家可举报其为广告评价，系统将其判定为广告评价后，会自动将其屏蔽。对于一些评价要挟等，客服也可以进行投诉。但是需要大家注意的是，如果客户只是真实地反馈商品情况，商家不能滥用投诉权限。常见的投诉类型如图 7-3 所示。

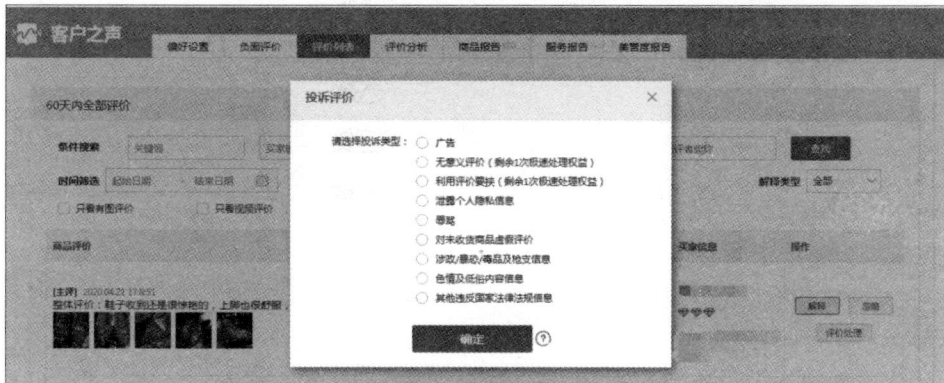

图 7-3

评价处理及评价归档功能，也能很好地帮助我们优化评价。在维护评价的过程中，偶尔会有以下情况——客户明明给的是正面评价，却显示成了负面标签，这个时候我们可以通过主评归档和标签修改进行处理。

3. 优化排序

有些比较有主见的客户会坚持自己的评价，不留丝毫协商的余地。如果他们发的是 100 字的长评，还"晒"出了图片并进行了追评，置顶在店铺的热销款评价页面，那真是非常显眼，这会直接影响其他客户的购买决策。对于手机端的客户来说，首页的评价尤其重要。

什么评价会被置顶？会员等级、评价时间、评价字数、是否有图片，以及评价下面的评论和"有用"，都会影响评价的排序。最显眼的视频和追加评价，都是客户浏览得最多的评价信息，因此都是需要优化的部分。

评价只是一个参考体系，客户会有自己的综合判断。归根结底，店铺的商品质量要过硬，服务要跟得上，这样店铺才能做得更好。

08 正确引导客户修改退货理由，降低店铺退货率

当客户选择了不利于店铺的退货理由，却不愿意修改时，客服该如何说服客户呢？对于客户的行为，客服应知其然，也应知其所以然，客服不能只是生硬地让客户修改退货理由，而应先了解一些售后相关数据的概念和计算方法，及其对店铺造成的不同影响。一旦对一件事情的重要性有了一定的认知，再处理这件事时，就会有意识地关注服务的细节、引导的方法和沟通的技巧。

1. 退款率

（1）退款率的定义。

退款率是指卖家在近30天内成功退款、售后笔数与近30天内支付宝成交订单笔数的比率。

（2）退款率的计算方法。

退款率=最近30天成功退款、售后笔数÷近30天支付宝成交订单笔数（子订单）

（3）退款率对店铺的影响。

首先，一个店铺的退款率高于行业平均水平，对店铺的综合排名肯定是有影响的。其次，店铺的淘宝直通车费用虽然对退款率没有具体要求，但是退款率高会拉低店铺淘宝直通车的质量得分，质量得分低，费用就会增加，所以退款率对店铺淘宝直通车预算费用的影响还是很大的。最后就是对于营销活动，聚划算有明确要求，近30天内退货率超过30%（部分服装和内衣类目不能超过40%）的店铺将无法报名聚划算活动。

退款率是客户购物体验的直观反馈，商品不好、不合适才需要退，购物体验差的店铺以后还能在平台获得更多流量吗？所以店铺在退款率这一问题上不能任性。

（4）降低退款率的措施。

既然退款率这么重要，那如何才能降低店铺的退款率呢？很多时候，售

前就已经埋下了退款的种子，个别客服介绍商品时，为了促成交易，会出现夸大宣传、过度承诺等不恰当行为，使得客户的期望值太高，导致客户收到商品后心理落差太大，进而因商品不满足心理预期而选择退货。这就要求客服在介绍商品时，应按照客户需求，理性推荐满足客户需求的商品。

在处理售后退货时，客服应问清客户退货的原因。相信大家都遇见过这样的客服，只要客户申请退货，不问任何原因就发个地址过来，告知退货流程后就没下文了。

申请退货的客户中，有的也许只是因为使用商品的方法错误，对商品质量产生了误解。有一次，我买了一个麦克风，收到后发现没声音，理所当然地认为是卖家的商品有问题，于是找客服沟通要求退货。客服耐心地问了我计算机的配置、主板型号，然后引导我把麦克风一端的插头插到主板后面的插孔中，原来这种主板的前插孔需要设置一下才可以连接麦克风。客服的专业引导让我们在愉快的氛围中解决了这个售后问题。大家试想一下：如果客服只是让我退回并重发，店铺收到商品又发现没问题，双方会不会产生邮费争议？关键是根本不需要退货。

有的客户退货也许只是因为商品有些不影响使用的小瑕疵。对于客户来说，其实退货是麻烦，所以因售后问题来找客服的客户都会比较生气，而这个时候客服不能被情绪左右，而应该针对目前情况给出解决方案。比如，针对一些不影响外观或者使用的小问题，是否可以采取补偿、退差价、送礼物等方式解决呢？除了个别追求完美的客户，大多数客户其实也只是想寻求一种解决方法。

当然，大多数店铺都会有退货。对于高频出现的退货理由，客服应及时地做好数据统计，反馈给店铺。比如很多客户因为尺码问题退货，那下次在介绍商品的尺码时，客服应做好补充说明，帮助客户合理选择，避免同样的情况再次发生，从而降低店铺的退款率。

认真做好这几步，我相信店铺的退款率一定会逐渐降低。

2. 品质退款率

（1）品质退款率的定义。

品质退款率指的是因品质问题（发起且成功的）退款的订单笔数与支付

宝成交订单笔数的比率。如果客户中途修改了退款原因，则应按照修改后的退款原因进行品质退款率的计算。

（2）品质退款率的计算方法。

$$品质退款率=店铺品质退款订单总笔数÷成交订单笔数$$

如果买家撤销了退款，但是撤销前没改退款理由，这笔订单仍然需要计入品质退款订单，因为系统目前是这么设置的。品质退款率是按照笔数来计算的，就是说如果一个客户的多笔订单都因品质问题退款，则每笔都应计算在内。

（3）品质退款率对店铺的影响。

淘宝官方目前称品质退款率对店铺没有影响，可是随着淘宝对品质的重视程度逐渐加深，没有影响是不可能的。品质退款率高会提高店铺商品被抽检的概率，如抽检结果为商品不合格或是存在质量问题，则店铺将受到相应的处罚。

（4）降低品质退款率的措施。

每个店铺肯定都有退货订单，当客户申请退货退款时，客服应主动引导客户选择合适的退货理由，尽量引导客户选择7天无理由退货。如客户选择了对品质退款率有影响的退货理由，客服需积极地联系客户，双方协商修改退货理由。很多时候，客户只是随意选择退货理由，并不知道退货理由对店铺的影响。

在沟通修改退货理由的时候，很多客户会拒绝修改。客服首先要分析客户为什么不愿意修改。根据统计数据，其实很多客户只是嫌麻烦，只有少部分客户始终不愿意修改，觉得自己反映的是真实情况。

对于嫌麻烦的客户，客服要将修改退货理由的每个步骤截图（应是手机端的操作截图）发送给客户，强调轻松两步就可以搞定。对于这样的"举手之劳"，大多数客户还是乐意做的。沟通过程中，客服可适当地给予一些优惠，如赠送无门槛优惠券或者由店铺承担退货运费。

对于坚持己见的客户，客服只要掌握一定的沟通技巧，同样可以顺利说服其修改退货理由。首先不要用命令式的口吻，任何人都不喜欢被人命令，用命令式的口吻容易让客户产生抵触心理。

其次，客服应站在客户的角度为店铺说话。客服可以先认可客户的一些想法，然后补充说明。

比如："亲若以商品与描述不符的原因退货，平台会要求亲提供实物拍摄图等，而我们是支持7天无理由退货的。对于亲反映的这个问题，店铺核实后可以承担邮费帮您退货或者换货。选择7天无理由退货是有绿色通道的，店铺会第一时间处理亲的订单信息，及时帮亲做退款确认。"

最后再告知客户修改的两个步骤。

当遇见客户不愿意修改退货理由的情况时，客服要反思自己说话的语气和立场是否让客户不舒服，客户答应修改以后能获得什么样的好处。只要关注服务的细节，相信在处理类似问题时，大家都会事半功倍。

当然，处理退货只是店铺维护的一个方面，店铺还是要把控商品的品质。现在的电商已逐渐回归本质，即产品和服务。

因商品的类目不同，计入品质退款的退款原因也不一样，每个类目可参考以下两个资料进行判断：一是店铺品质退款管理里的退款明细，二是天猫帮助中心的品质退款原因说明。

3. 纠纷退款率

（1）纠纷退款率的定义。

纠纷退款率是指买卖双方自行协商未达成退款协议，由淘宝客服介入，且判定为支持买家及维权成立的维权订单笔数（也就是判定为卖家责任且生效的退款笔数），与支付宝成交订单笔数的比率。

（2）纠纷退款率的计算方法。

纠纷退款率=近28天（售中+售后）判定为卖家责任且生效的退款笔数÷支付宝成交笔数

虽然判定为卖家责任的退款才叫纠纷退款，但是只要有小二介入，订单就会被计入服务质量数据中的介入率。因此在能沟通解决的情况下，尽量别让小二介入处理。

（3）纠纷退款率对店铺的影响。

相对于退款率和品质退款率，纠纷退款率对店铺的影响更大。先不谈其对搜索排名的影响，就官方规则来看，首先，对于淘宝直通车，若店铺近30天的纠纷退款率大于店铺所属类目的纠纷退款率指标，淘宝会停止店铺的淘宝直通车软件服务 14 天。

其次，对于营销活动，若店铺近 30 天的纠纷退款率超过店铺所在主营类目的纠纷退款率均值（主营类目的纠纷退款率均值，以卖家中心页面显示的数据为准）的 5 倍，且纠纷退款笔数 ≥ 3 笔，限制店铺参加官方营销活动。

（4）降低纠纷退款率的措施。

如果普通退款和品质退款处理好了，基本不会产生纠纷退款，所以前文介绍的处理方法是可以借鉴的。一些客服在看到客户选择的退货理由会影响品质退款率，并且沟通一两次却没有结果后，就直接拒绝客户的退货申请，这样客户就可能会申请小二介入。

这里肯定会有客服疑惑：同意退货申请会影响品质退款率或者产生未按约定时间发货的赔付，不同意则可能成为纠纷退款，那应该怎么应对呢？任何售后问题的处理方式，都不是一成不变的，很多矛盾并不一定要小二介入。

比如，当一个客服沟通陷入僵局时，可以及时换另一个客服处理，新的客服没有预设立场，能很好地缓和气氛，再不行就让主管去电话沟通。其实很多在网上咄咄逼人的客户，在电话里说话很随和。网络交流时，因为大家容易按照自己的想法来解读对方的文字，所以可能会产生一些误会。相对而言，电话沟通的成功率会更高，当客户觉得自己被重视时，很多客户投诉问题都会迎刃而解。

售后服务不是争长短、争对错，冲动办事解决不了任何问题，针对问题的关键给出解决的方案，才是最有效的处理方法。

从退款率，到品质退款率，再到纠纷退款率，它们对店铺的影响是一步步加深的，所以店铺要从退款的源头抓起，要引导客户选择合适的退款理由，要及时跟进售后服务，别等到客户申请小二介入时才亡羊补牢。

09 注意服务细节，真正解决客户问题

目前，对于电商客服的服务，大多数人是不满意的，甚至很多人还很排斥客服，觉得他们不够专业，只会吹嘘自己的商品，不能真正为客户解决问题。

因为怕自己有"职业病"，我以往网购时都是直接下单。但有一次，我在网购过程中遇到了一个问题，需要找客服咨询。问题是：物流显示快递到了当地，但用了 3 天还没有到派送点，也没有显示快递员的联系方式。在咨询客服之前，我想了一些他们可能给出的理由，如周末没及时派送，或者最近南方的洪涝情况影响了派送。但是让我大跌眼镜的是，客服就说了 4 个字"给您催催"，再问详细情况，还是同样的 4 个字。我就说："那一小时后，我来问查询结果吧。"客服告诉我，中午快递下班，不会回复的。我就又退让了一步，说："那我就下午 3 点来问结果。"客服给我回复了一个"嗯"。

直到下午近 4 点，我还是没有等到客服的反馈，只好自己去追问客服。这时换了一位客服接待，她给我的答复是稍等（这说明店铺没有售后交接，也没有备注客户的反馈）。过了一会儿她告诉我，已经催过了。我说："那能告知没派送的原因吗，会不会丢件呢？"但客服只是让我耐心等待。

店铺还发了服务评价邀请，但是这样的服务，客户怎么打分？客服既没有解决问题，全程也没有对客户进行任何安抚和说明。

很多店铺越来越重视客户体验，平台的很多考核数据都和客户体验相关。现在的消费重点已从产品驱动升级到服务驱动，而服务的核心就是客服能否为客户解决问题。客户来查询物流信息，就表示不想再等了，或者需要知道物流停滞的原因，但是部分客服给的答复就是反复告知客户继续等待。

很多客服在服务的时候给自己设了不少条条框框，比如快递问题不是客服能解决的，那是物流的事；发货问题不是客服能解决的，那是仓库的事。

可是客户会管这些吗？有问题找客服，这是客户的共识。不管哪个环节由哪个部门负责，客户要的就是客服给予一个解决问题的方案，而客服要做好这件事情，显然并不容易。

　　下面来看几个实例，看看客服莎莎是如何解决这类棘手的问题的。相信不少客服都遇见过商品超卖或者缺货的情况，而解决方案基本都是引导客户退款。这是最佳方案吗？客户愿意接受吗？这些问题往往不在客服的考虑范畴内，因为客服通常觉得问题解决了就行，而不去考虑客户是否真正满意。

【实例 1】

客服： 亲，这款商品已经售罄，打单软件自动拦截了，后台看见有错拍的订单，第一时间就联系您，真的很抱歉。

客户： 我拍完时看到还有的。

客服： 棕色的包包也很漂亮的，给您发棕色的包包可以吗？

客户： 不可以发其他颜色的包包。

客服： 亲，如果不喜欢棕色的包包，可以麻烦申请一下退款吗？

客户： 不可以。

客户： 我买的就是黑色的包包，而且零点就下单了。

　　对于这个断货的订单，客服主动联系客户，但客户的态度非常坚决，坚持要黑色的包包，即使黑色的包包已断货，也不接受换颜色或者退款的售后方案，大家可能会觉得这是一道无解的难题。事实上，客服通常采取的方法就是耐心地和客户摆事实、讲道理，但是客户的回复往往和实例 1 中差不多。客服莎莎没有这样想，更没有这样做，因为她明白，客户愤怒的原因往往是觉得委屈，感觉自己被忽视了，客户的愤怒只是为了引起客服的重视。

　　感同身受地倾听，是处理售后问题的第一步。在处理售后问题时，客服首先要做的就是避免争辩，避免让客户误会自己想推卸责任，要换位思考，理解客户的情绪。

【实例 2】

客服： 是的呢，错拍的几位客户，我们都在联系了，有几位客户换了粉色的包包。

客服： 莎莎不仅是一个客服，也是个消费者，特别能体会想收到自己心仪宝贝的心情。

客户： 反正我购买的时候，你们库存显示是有的。

客服： 是的，因为活动期间的库存是锁死的，所以无法及时修改。

客服： 是我们的工作疏忽，咱们不逃避。

确认客户需求，是处理售后问题的第二步。对话中，莎莎发现客户很喜欢这个颜色的包包，知道黑色没货后，依旧坚持说自己拍下的时候有货。莎莎了解到客户这个需求后，没有引导客户选择退款，而是向店铺申请了两个补偿方案，让客户选择。

【实例3】

客户： 那是你们的事，我不管，按照我拍的颜色发货就行。

客服： 亲亲，您看现在事情已经发生了，咱们应该一起解决这个问题，您说对吧？

客服： 这里有两个解决方案。方案一：您换一个颜色，我们按照半价优惠给您。方案二：您换个其他款式，莎莎还是帮您申请一个大额优惠。您看看还有什么更好的解决建议？

客户： 你也别退钱给我了，就发棕色吧。

客户： 大半天的，也让你挺为难的，谢谢你。

提出问题的解决方案是处理售后问题的第三步。与其直接告诉客户怎么做，不如多提供几个选项，给客户自由的选择空间。这样更能增强客户的认同感，会让客户觉得是自己在做选择、做决定，而不是被迫地接受这个事实。到这里，事情已经峰回路转了，客户选择了方案一，并且为自己之前的纠结和埋怨向客服道歉。实际上，客户并没有我们想象的那么难缠。客户看上去好像每次都在针对客服，其实并不是的，客户只是想解决问题。如果客户的愤怒让客服情绪失控，那意味着这是一次失败的服务。

虽然售前的销售技巧很重要，但售后服务更加体现店铺的综合能力。售前和售后本就是不可分割的，店铺需要从全局出发，打磨服务的细节，为客户带来愉快的购物体验，真正解决客户的问题。

10 无"尖"不商才是良好的客户体验，让客户有意外之喜

说到商人，很多人会先入为主地觉得商人都是唯利是图的。实际上"无奸不商"这个词不过是以讹传讹，最初说的是"无尖不商"，这个"尖"指的是古代的米商装米时，除了要将斗装满之外，还要多盛一些，让斗里的米冒尖儿，给客户一点"添头"，客户买得开心，自然会成为回头客。

不管是古代还是现代，不管是线下还是线上，超出客户期望，让客户占到一点儿便宜，给客户制造一些小小的惊喜，都是能让客户满意的服务方式。现在很多人大力倡导智能客服，智能客服有它的优势，但是要想给客户带来一点儿"尖"的温度，还是得靠人工客服。

比如，我们曾在群里讨论，客服要不要再联系给了差评的客户，大多数人都觉得没必要浪费时间，天猫店铺的评价也修改不了，主动联系很可能导致客户更生气，而且有些客户可能会投诉客服骚扰他。

但是有家店铺的主管却给了不一样的建议，并且分享了自己店铺的实例。他们是卖消毒液的，因为物流运输不当导致产品的盒子被压瘪，渗漏了一些消毒液，所以客户就直接给了一个小作文形式的差评。客服电话联系，客户直接挂断；客服旺旺留言，客户已读但不回复。面对这样的客户，应怎么处理呢？

主管考虑再三，面对客户不愿意沟通，商品也确实有破损的情况，申请了直接补发。当客户收到补发的商品时，情况就开始变好了，他直接联系客服，表达了感谢，还表示很意外店铺会补发商品。客服说："联系您也是想和您确认情况进行补发，并且表达我们的歉意，因为一直没联系上，又怕打扰您的工作，所以就按照原地址给您补发了。"客户再次表达感谢，说冲着店铺的服务，也会再次回购。在接下来的一段时间，这位客户也确实定期回购了（见图10-1）。

6752830599905	创建时间：2019-06-27 09:44:00		
衣物除菌液衣服杀菌消毒水家用洗婴儿内衣洗衣机消毒液		¥169.80	1
1327385599905	创建时间：2019-04-12 22:08:41		
衣物除菌液衣服杀菌消毒水家用洗婴儿内衣洗衣机消毒液		¥199.00	1
3357609599905	创建时间 2019-02-28 12:36:13		
消毒液45ml		¥15.00	1

图 10-1

直接补发商品，对客户来说就是意外之喜，也是前文说的让客户感受到"尖"。如果店铺只考虑成本，或者想花几元钱打发客户，可能就不会换来客户的多次回购。

也有客服这样说，现在店铺考核客服的依据是关键绩效指标，客服工作讲究的是效率，哪有时间和客户讲情怀。对于这种说法，我不敢苟同，为什么客服不能提供有温度的服务呢？为什么不能超出客户预期，建立彼此之间的信任，提升客户黏度和忠诚度呢？人都是这样，遇见好的售后，对其服务的记忆往往会更加深刻。

一位童鞋店的客服分享了这样一个故事。一位妈妈来买鞋，客服引导她测量宝宝脚长，客户坚持按照宝宝平时穿的鞋的尺码来下单，客服耐心地给予解释，说宝宝脚长得比较快，同时网上的鞋码和实体店的鞋码会有所差异，建议按照宝宝的实际脚长选择对应的鞋码。客户说她经常网购，不用客服教她如何买东西。客服看客户坚持，只好友情提醒客户购买一份运费险，如尺码不合适，方便退换，可是客户还是坚持不买。

和大家想的一样，客户收到货后来质问鞋子尺码问题，说孩子穿上不合适，说要店铺承担退换的运费，否则就要给差评。面对这样的客户，如果坚持为了十几元的运费说理，很可能真的会得到一个差评，所以客服向主管申请后，建议客户单拍 VIP 链接，而原来的订单申请退货。

在这次服务的过程中，客服再次建议客户测量宝宝的脚长，客户说换大一码就没问题了。而且这次客户对客服表达了感谢，说："我虽然经常网购，但是第一次遇见这么有耐心的客服，孩子下半年的鞋子就在你们家买了。"客服对此也感到非常开心，很多时候人与人相处就是这样以真心换真心。

坚持"售前一团火，售中孺子牛，售后心贴心"的服务态度，客服才能赢得客户的信赖，在客户服务这条路上才会走得更远、更长久。

读书读记

11 熟悉平台规则，使用正确聊天方式，避免误入交易陷阱

一个朋友曾开心地对我说自己中奖了，我还没来得及恭喜她，她就说好像是遇见骗子了，然后一直打不通客服电话。其实骗局并不复杂，她在浏览某视频 App 时，忽然弹出会员抽奖页面，当然是一抽就中的那种，然后她就以为天上掉了馅饼，直到填好地址，准备领奖品的时候，才发现订单中包括其他一些货到付款的商品。

大家看完上面的故事，可能会笑话我朋友太没防范意识了，可是骗局之所以是骗局，就是因为它无处不在，让你防不胜防。客服在学习规则的过程中总是觉得枯燥乏味，并且抱着侥幸心理，觉得骗子不会找到自己，但是经常有客服问我店铺违规了该如何处理。在各种大促活动前后都有一群不速之客混入狂欢的队伍，他们采取的是非正常途径，利用商家担心违规投诉影响活动资格的心理，骗一些新手客服，然后漫天开价。此处罗列了一些客服聊天中的常见骗局，客服一定要避开。

聊天第一骗局：发票规则。

这个骗局存在好多年了。客服应谨记，天猫店铺必须无条件地提供发票。

大家可能会觉得实例 1 中的客户是很正常的咨询发票问题的客户，但如果一天接连有几个客户，购物时不关心商品或者价格，一来就问有无发票，若客服回答有，就不再搭理客服，那店铺就要通知全体客服谨慎起来。

【实例1】

客户： 有发票吗？

客服： 亲，有发票的。

客户： 可以开发票吗？

客服： 亲，在我们店铺购买任意商品都可以开发票的。

客服： 亲，您选好鞋子尺码后可以下单。

客户： 可以开增值税发票吗？

客服： 亲亲，我们店铺提供的是增值税普通发票。

发票违规投诉一旦成立，天猫店铺将面临扣除 6 分的一般违规处罚，如果有两个投诉，那就要扣除 12 分并加罚 1 万元的保证金罚款。客服回复发票的相关问题时，一定要谨记发票规则。

我最近就收到一条后台求助留言，说因店铺客服回答不开增值税专用发票，店铺被投诉了，并问我该如何处理。这里要和大家解释下，增值税普通发票和增值税专用发票都属于正规发票，增值税专用发票允许抵扣进项税额，小规模纳税人开的都是增值税普通发票。所以客服上岗后，首先要了解所在店铺开具什么样的发票。

针对发票问题，大家要记住 4 个原则：正规发票，无任何附加条件，无任何其他费用，票面金额与产品金额一致。只要记住这些原则，无论聊天的套路怎么变，我们都不会踩坑。建议店铺提前设置关于发票问题的正确无误的快捷话术，这样会更严谨。

聊天第二骗局：信用卡规则。

这是和发票差不多的套路，除了个别特殊类目外，天猫店铺是默认支持信用卡支付的。"客户"在聊天的过程中，也许会问要不要额外的手续费、能不能分期付款等一系列的问题。如果客服对信用卡规则不熟悉，或者被绕进去，就很容易被骗。客服遇见此类问题时要切记，只要店铺开通了信用卡业务，就不能拒绝客户使用信用卡付款，在付款时也不能收取额外的手续费。

聊天第三骗局：微信付款。

现在淘宝的支付方式越来越多，但是不管是朋友代付，还是花呗付款，都离不开支付宝这个平台，利用其他付款方式支付属于违规行为。很多商家选择在微信上维护老客户，所以个别"客户"会在聊天的时候要求微信支付，原因一般都是支付宝上没钱了、微信支付方便等。

【实例2】

客户：在吗？

客服：亲亲，在的，有什么可以帮到您吗？

客户：微信转账。

客服：转什么账呢？

客户：微信支付。

这个时候，客服如果被绕进去，给了"客户"微信号或者微信收款二维码，就可能会被投诉。若投诉成立，店铺会面临下架或者删除商品的处罚，这个风险对店铺来说太大了。客服可以肯定地回复，店铺只支持支付宝付款，如果支付宝里的钱不够，可以选择朋友代付或者开通花呗信用支付。

聊天第四骗局：包邮。

包邮是指商家指定地区包邮。有的商家不用运费模板，而是在详情页说明包邮地区。若某些粗心大意的客服看见客户询问是否包邮，马上回复"包邮"，在客户拍下后，核对地址又发现是偏远地区，要求客户补足邮费，这时候往往就会产生违规投诉。一旦投诉成立，商家被认定属于违背承诺，店铺会面临一般违规扣分。在客户咨询包邮问题时，客服应第一时间确认客户收货地区，再回复客户所在地区是否包邮。

聊天第五骗局：好评返现。

好评返现这件事百害而无一利。对于店铺来说，店铺需要花更多的成本才能得到好评，而且部分客户会要求店铺给予更多返现，不然不会给出好评。对于客户来说，他们选择商品时想参考购买过的客户的意见，却只能看到"清一色"的赞美，这种失去真实感的评价，毫无参考意义。所以现在电商应逐渐回归本真，即用产品和服务说话。在淘宝规则中，好评返现属于滥发信息的违规行为。

交易聊天中，"客户"会一直向客服提问：是否有好评返现，是否能好评返现，或者不断表示有好评返现就购买等。客服一个不小心就会被骗，所以针对好评返现这个骗局，请大家一定要注意。

聊天第六骗局：核对信息。

核对信息本是为了提升客户的购物体验，避免不必要的售后问题，却被有心人利用做成骗局。天猫规定客户信息只能和客户本人核对，否则就会判定为泄露他人信息，并且属于严重违规，扣 48 分，店铺将直接被关闭。

在核对信息这个聊天骗局中，有以下行骗手段。

核对 1：男朋友买的，但是我换了地址，麻烦帮我改下地址。

核对 2：朋友买的，帮忙核对下地址。

核对 3：买家秀里的女孩，像我失散的妹妹，麻烦给下订单地址。

以上都是真实发生过的案例，所以客服核对订单时，一定要遵循以下原则：哪个账号购买，哪个账号核对。

读书笔记

12

正确使用运费险，
保障卖家和买家的利益

运费险是淘宝的一项增值服务，针对的是卖家在交易未完成的时候被要求退货所产生的运输费用。只要店铺加入运费险，如果客户需要退货，由此产生的运输费用由保险公司承担。不过很多客服还是忽略了对于运费险的灵活使用。

1. 运费险的作用

在网购时，因看不到实物，客户总是会有各种疑虑，担心收到的货在尺码、颜色或材质上和图片有差距。当客户迟迟不能做决定时，客服主动介绍运费险，是一种非常有效的促单成交方法。客服可以告诉客户如有不合适，可以 7 天无理由退换，并且运费会由保险公司理赔。这样对于客户来说，购物风险降低了，那成交意愿自然更强一些。

目前淘宝的官方活动，如聚划算、"双十一"大促，都是会强制店铺赠送运费险的；同时天猫 App 推出了赠送运费险的活动，天猫店铺的客服还可以引导客户通过天猫 App 下单，这样客户可以直接享受运费险（目前不是全部商品都享受这项服务）。

不管是商家直接赠送的运费险，还是客户购买的运费险，对于网购来说，都是关键的保障，客服应有效地引导客户。有个别客服会认为有了运费险，店铺的退货率会提高，但是随之而来的是店铺成交率也会提高，同时纠纷退款率也会下降。综合来说，赠送运费险还是利大于弊的，毕竟多数客户买东西不是为了退货。

2. 运费险理赔

运费险除了在售前能帮助客服有效地促成交易外，也能大幅度降低纠纷退款率。现在的店铺基本都是支持 7 天无理由退换货的，退换过程中双方纠结的主要就是由此产生的运费由谁来出。客户觉得自己没买到满意的商品，不应该由自己出运费；店铺觉得自己出了人力、物力，最终客户觉得不合适，不应该由自己买单。而有了运费险，产生的运费就由保险公司理赔，双方自然皆大欢喜。

最常见的理赔场景是退货。其实在以下两种情况下，保险公司同样可以理赔。

（1）换货操作。客户购买商品，出于某种原因需要调换商品，申请换货服务，按照流程操作。这一操作产生的运费，保险公司也会理赔。

（2）售后退货。以前的运费险在确认收货后就失效了，现在，确认收货后，运费险依旧显示已出单。2020 年 9 月 4 日，运费险全面升级，确认收货后，客户如果需要申请售后退货，一样可以享受运费险，并且运费险的理赔时效延长到 90 天。

使用运费险的具体场景，大家都熟悉了吗？简单地说，只要客户不喜欢买到的东西，按照正常的后台流程申请，保险公司就会理赔，平台希望多方位地提升客户的购物体验。

3. 运费险理赔失败

在一些特定情况下，运费险理赔也会失败。

（1）客户选择仅退款选项，这种情况下运费险是无法赔付的。

（2）客户输入了错误的快递单号，保险公司审核不通过，运费险理赔也会失败。

（3）店铺发货时，选择了无须物流。

（4）同一个订单申请多次运费险理赔。

有客服说，有时候店铺明明赠送了运费险，而客户购买时却没有显示运费险，导致退货时不能理赔。出现这样的情况，通常是因为客户的退货率太高，被保险公司判定为高风险客户。遇见类似情况时，客服可以引导客户换一个账号购物，这样就会正常显示运费险了。

麗人说

第2篇
联动销售技能篇

13 抓住销售的 3 个关键时机，高效助力成交转化

做任何事都讲究时机。做客服也是一样的道理，在客户正好需要的时候，客服做推荐，那是专业服务；在客户犹豫不决的时候催单，就是强买强卖，只会适得其反。在销售服务中，客服只要把握以下 3 个关键时机，就能有效地助力成交转化。

1. 进门问候时

客服作为店铺与买家直接交流、接触的重要"窗口"，他们的精神风貌、工作态度会直接影响店铺的成交量以及客户的购物体验。

客户刚开始咨询时是客服需要把握的第一个时机，自然是非常关键的时刻。说到时机，时间肯定是第一要素，客户的流失速度非常快，客服应尽量在 3 秒内回复，第一时间留住客户。除了速度，还要传递出温度——热情的态度、真诚的语气，都是吸引客户的要素。同时，客服还应注意回复的内容。"在的""有的"这样的敷衍回复，很难让客户产生继续沟通的意愿。专业的客服会在第一次回复客户时表达清楚店铺信息、客服信息，以及服务的意愿，并且能根据客户咨询的商品，第一时间赞美客户的眼光或者提出引导性的提问，实例如下。

【实例 1】

客户：你好，在吗？

客服：亲，欢迎光临××旗舰店，我是您的专业顾问××，很高兴为您服务。

上述回复的态度、内容都恰到好处，这才是一次合格的进门问候，这样才能第一时间留住客户，才能把握好销售的第一个关键时机。

2. 推荐商品时

推荐商品是销售的核心环节。在做商品推荐时，很多客服的专业度是足

够的，但是抓不到客户的需求点，经常给客户不合时宜的推荐。例如，客户在纠结尺寸，客服不针对客户提供的身高、体重等信息进行尺码推荐，而是让客户自己看详情页，或者告诉客户"不合适可以 7 天无理由退货"。针对这一问题，客服应做的是推荐合适的商品尺码。在最令客户疑虑的问题未解决，下单与否未可知的情况下，客户又怎么会在意售后保障呢？难道客户买东西是为了退换吗？显然，客服这种不合时宜的推荐无法促成交易。

通过下面的实例，大家可以思考客户的真正需求是什么。

【实例 2】

客户：发什么快递？

客服：亲亲，我们合作的有申通、韵达和邮政快递，下单的时候可以备注。

客服：平时喜欢什么口味？

客服：亲亲，这款海亿糖有 8 种口味，下单时可以备注自己喜欢的口味。

实例中，客户咨询的是快递问题，客服在店铺的自动回复之后，并没有询问客户的收货地址，也没有与客户确认最终的快递信息，而是询问了客户喜欢的口味，并且还进行了追单。不理解客户的需求，交易是很难成交的。

客户所有的表达、反馈，都藏着一份深深的渴望和迫切的需求。客服要从客户的所有表达和反馈中快速、准确地捕捉需求信息，抓住时机，正确推荐，解决客户问题，满足客户需求。

3. 追单时

追单可以提高订单转化率，提高客服个人的销售业绩。当客户咨询时，客服要给予正面解答；当客户没有继续咨询时，客服就需要积极主动地追单。

如果客服回复了客户的咨询后，客户没有下文，客服可以再次回复客户或者补充前次回复的信息，进而引起客户的注意。

若回复客户咨询 5 分钟后，客户还是没有回复，客服就需要进行明确的追单动作，只要能再次和客户搭上话，就有成交的机会，实例如下。

【实例 3】

客户：身高 160 厘米，体重 100 斤，穿什么码？

客服： 亲亲，根据您的身高体重，选择 M 码就可以的。

（5分钟后）

客服： 亲亲，我们这款有好几个颜色，请问您更喜欢哪个颜色？

通常，客服在交接班的时候，也可以选择合适的订单进行追单。所谓"合适"的订单，可以是之前与下单的客户有过沟通，同时在下单 10 分钟内未付款或者订单金额较大的。追单时，友好地给这些客户留言，让客户看到客服的服务态度。因为有过交流，对客户的情况有所了解，追单成功的可能性更大。

读书读记

14 注重服务细节，提升客户满意度

第 13 期中提到了销售的 3 个关键时机，要掌握好恰当的时机，客服还需要注意服务的细节。若在做店铺诊断的时候，发现了一个被忽略的服务细节，则可能表明一些客服的询单转化在服务开始时就失败了。

第 13 期还强调首次响应要快。网络时代，若没有得到即时反馈，客户就会转身离开。现在各 App 抢夺的就是客户的时间，天猫平台也把店铺客服的响应时间纳入体验综合得分的考核体系。

店铺可通过设置"店小蜜"的欢迎语卡片、千牛的自动回复，以及提升客服的打字速度等缩短响应时间，给客户留下良好的第一印象。

但仅仅快还不够，如果忽略其他的服务细节，那可能在第一次回复时就已经失去客户了。

客服应注意以下几个要点。

（1）服务的态度。人对人的第一印象是综合印象，也许你穿着不是很得体，但是你为人很热情，那也能给人留下良好的印象。这时候可能一些客服会问：客户多得都忙不过来，哪来得及提供热情的服务？客服要在平时就养成一个良好的工作习惯，使服务意识成为惯性。

（2）格式的细节。我们通过实例来分析这个方面。图 14-1 中呈现了两家天猫旗舰店的客服自动回复。大家可以先思考，这两家店铺的回复，哪个更符合手机端客户的阅读习惯，哪个更能使客户记住关键内容。

大家不约而同选择了第二家店铺。第一家店铺的回复，首先，内容就超过了一屏，客户想要看完，还要向下滑动，降低了阅读流畅性；其次，编辑好的内容，没有提前在手机端浏览，关键信息之间没有间隔，同样增加了阅读的难度。

自动回复关联问题的目的是提供高频问题的自动化回复，减轻客服的工作压力。如果像第一家店铺那样设置，自动回复几百字，那客户买东西之前还得先做一篇阅读理解。

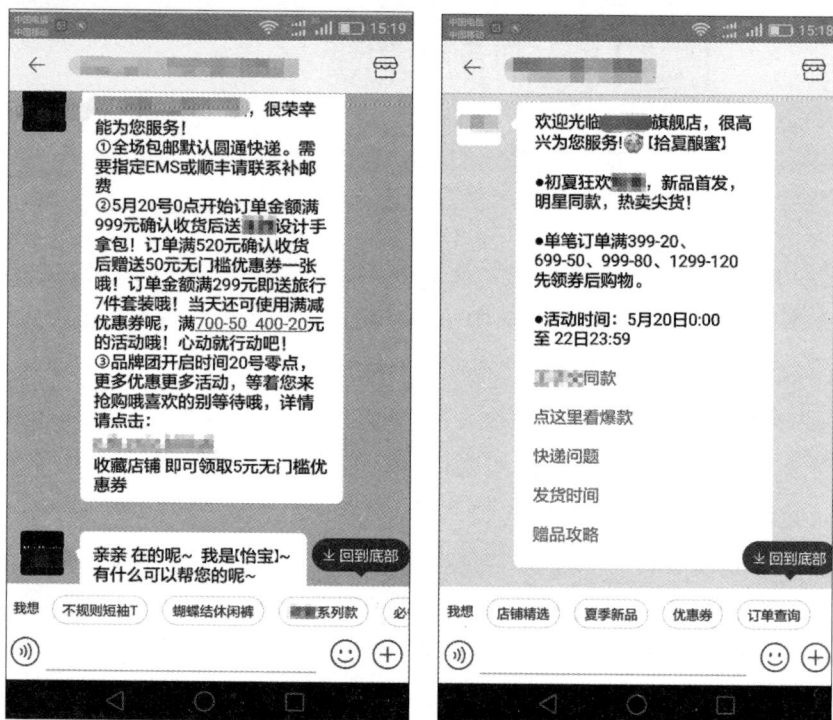

图 14-1

（3）店铺的服务风格。千篇一律的"亲"已经让客户有些审美疲劳了，很多时候，有趣是最吸引人的地方。很多店铺都对称呼客户的方式进行了创新，如女装店铺，称呼客户"小姐姐"；做直播的店铺，称呼客户"宝宝"；男装店铺，称呼客户"先生"。找到适合自己店铺风格的称呼，会给客户留下不一样的第一印象。

不管成交与否，如果客户还能记住你家店铺打招呼的方式，那也起到了宣传的作用。就怕雁过无痕，叶落无声，无法给客户留下任何印象。

天猫店铺体验指标所说的体验是贯穿整个购物流程的，从第一句问候就已开始。服务环节的每个细节都需要打磨，在第一次回复客户时，响应时间、服务态度、回复格式和店铺风格都要做到完美。

留住客户，从第一句问候开始。

15 沟通时少说"正确的废话"，提升客服的服务价值

多说没用的话，也只是"勤奋的懒惰"，看上去工作很忙碌，却没有成效。这里给大家分享几个常见的咨询场景，看看有些客服在不经意间说了哪些"正确的废话"。

场景一：这件商品有没有？

废话模板：亲，能拍的就有，不能拍的就没有。

请大家思考，这句看上去没有毛病的回复对促进客户成交有帮助吗？最好的服务是个性化的服务，根据客户咨询商品的实际库存情况，客服应给出不一样的回复。针对有货和没货两种情况，有 4 种常见的场景，在不同场景下，客服应给出不同的回复，如图 15-1 所示。

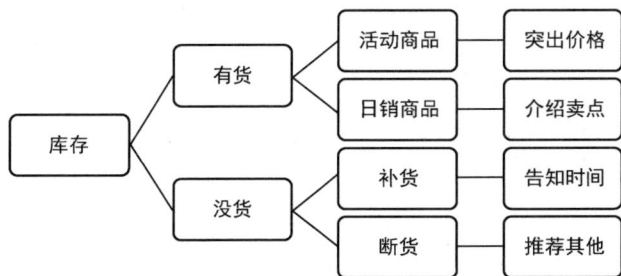

图 15-1

在有货的情况下，如果客户咨询活动商品，那么客服可以及时告知客户活动优惠力度，强调性价比，利用活动的限时限价促使客户快速成交。

废话模板：亲，能拍的就有。

参考话术：亲亲，您咨询的这款商品正好赶上咱家的聚划算活动，库存有限，喜欢赶紧拍下。

如果客户咨询的商品正好缺货，那客服可以推荐类似款式的商品给客户，

推荐的时候应注意商品属性和价格。

废话模板：亲，不好意思没货了。

参考话术：亲亲，您咨询的这个是老款，已经下架了，今年咱们有升级版，面料更加柔软舒适，颜色也是今年非常流行的莫兰迪色系，您看下这款。

场景二：选择什么尺码？

废话模板：亲，请参考详情页的尺码表。

客服平时不推荐尺码，主要有两个原因：一是对商品不熟悉，不知该如何推荐，针对这种情况，店铺需要加强商品知识的培训；二是怕担责任，担心客户以客服推荐尺码不准确为理由，不承担售后费用。第二种情形确实可能发生，但是就算客服不推荐尺码，客户也可以找其他理由，如尺码表写得不准确，和自己平时选的尺码不一样，所以归根结底，客户只是找借口不承担售后费用，并不是客服推荐不准确。为了避免类似的情况，客服在推荐的时候，可以说明只提供参考尺码，具体的尺码可以根据客户自己的穿着习惯来决定，也可以提醒客户选择运费险，避免因尺码调换引起不必要的售后问题。

参考话术 1：亲亲，麻烦提供一下身高体重。

参考话术 2：亲亲，根据您提供的身高体重，建议选择 M 码。如果平时喜欢休闲风格，拍 L 码也可以。

大家可以试着向一家开启"店小蜜"的服装店咨询，当你咨询尺码时，"店小蜜"会询问你的身高体重；当你报出身高体重后，"店小蜜"会根据你的数据推荐合适的尺码。"店小蜜"的回复是基于大数据，模拟人工接待的流程，以及训练师后台设置的结果。

场景三：快递怎么还没到？

废话模板：亲，请稍等，帮你查一下。

这句话是不是特别眼熟？很多客服同时也是客户，我们平时购物时可能会选择静默下单，但是遇到物流或者售后问题，肯定还是需要咨询客服，可是类似"帮你查一下""请再耐心等一下"这种答复，我们会满意吗？

但是也有客服会说："我们没有办法控制物流呀，不让客户等能怎么办呢？"我们换位思考下，一直收不到快递是什么心情，是不是怀疑店铺实际上没发货,担心包裹会不会弄丢了,担心收不到货会不会人财两空?当你洞察了这些客户担心的问题后,告知客户物流状态,以及店铺会承担责任,你觉得客户还会焦躁地一直催你吗?

"拖"是最差的解决方案,针对客户的物流咨询,"拖"一两次还好,如果第三次还这样敷衍地回答,可能就会惹怒客户,最终得到差评,甚至直接被投诉。积极解决问题,跟进、落实物流状态,才是服务正道。

参考话术:亲亲,刚才帮您联系了快递,反馈是因为目前北方部分地区的大雪影响了派送,快递这两天会到达您所在的城市,麻烦再耐心等两天。

大家可以想一想,平时在接待过程中,自己还说过哪些正确的废话。从现在起,客服要改变表达方式,客服主管在质检过程中也要重视这些不走心的回复,以提供更有价值的服务。

读书笔记

16 科学推荐商品尺码，避免产生售后纠纷，降低客户流失率

客服在日常接待工作中，总会遇见令人啼笑皆非的情况：客户发来一张宝宝脚丫的照片，让客服推荐鞋子尺码；或者发一张男士全身照，让客服为她爸爸推荐裤子尺码……遇到这样的客户，客服应耐心地告诉客户如何正确测量尺寸，并根据客户提供的测量数据尽心推荐尺码。

尽管如此，有些客户收到货后尺码不合适，还是会埋怨客服推荐的尺码不对，要求退货或者让店铺承担换货的运费。这个时候客服也非常委屈：明明我是根据客户提供的数据来推荐尺码的，怎么就怪我了？那以后还要不要给客户推荐尺码呢？

要，当然要的，推荐尺码是客服工作中非常重要的一个环节。但是在推荐的时候，一定要注意方式方法，科学推荐，这样就可以避免不必要的售后纠纷，降低客户流失率。本期分享向不同人群推荐尺码时，要注意哪些细节。

1. 男士服装的尺码推荐方法

现实生活中，不了解自己尺码的客户比比皆是，尤其是男性买家。如果你服务的店铺正好是男装店铺，你会发现很多前来购物的男士，并不了解自己的尺码，一般只会告诉你他的身高是 180 厘米或者 185 厘米等。可是不同品牌和风格的服装，即使是同一个尺码，差别也是很大的。然而，这个时候，如果让客户提供胸围和腰围等尺寸，他们一定是懵的。

客服首先要了解自己家服装的风格是属于修身款还是属于宽松款。如果是修身款，除了要咨询客户的身高和体重，还要了解客户平时的穿衣尺码，比如身高 175 厘米、体重 65 千克的男士平时穿 L 码，在推荐西装的时候，可以建议客户选择 L 码；如果是宽松款，就可以根据客户喜好以及平时穿衣的尺码来推荐，这样就会比较精准。

其次，还要了解客户的年龄。现在的人偏向于年轻化服饰，爸爸们不一

定愿意去中老年男装店铺购物，因为觉得款式千篇一律。但是男士到中年，多少会有发福趋势。客服可以询问客户的年龄和穿衣习惯，如是喜欢合身的衣服，还是喜欢舒适、宽松的衣服。一般上了年纪的人比年轻人更喜欢宽松的衣服。同样身高和体重的男士，年轻人和中老年人的尺码选择是不同的，一般建议有啤酒肚的爸爸们选大一码。

大多数男士对尺码的概念仅停留在标签上，不过自己买衣服的男士一般对穿着还是有些讲究的。建议客服多问一些数据、爱好等，如身高体重、平时穿衣的码数、穿衣习惯。

最后，客服还要了解客户喜欢的风格和穿着的场合。若以上影响尺码的因素都逐一了解清楚了，那么针对自己家服装推荐的尺码会更加精准。

2. 中老年女士服装的尺码推荐方法

中老年女士服装市场这两年发展得非常快。看一眼广场舞队伍，你会发现很多淘宝同款。中老年女士服装是女装类目里一个单独的类目。这里的尺码推荐主要针对 50 岁以上的中老年女士，大多数年轻女士，除特殊身材外，什么衣服都可以穿。

我之前遇到一个客户退货，在选择衣服尺码时，明明确认了肩宽和胸围是合适的，可是客户收到衣服试穿后，发现袖子太窄了。中老年女士的胳膊一般会比年轻女性的胳膊粗一些，原因有两点：一是因为长期辛苦劳作，胳膊会有健壮粗大的肌肉；二是因为脂肪堆积，形成了"拜拜肉"。所以在推荐衣服尺码的时候，要提醒客户测量大臂的尺寸，以防衣服的袖子不合适。此外，还要提醒客户测量腰围。大部分女性到中年后，腰上多少都会有一些或大或小的"游泳圈"，如果衣服是修身款或有收腰设计，客服要主动询问客户的腰围，这样推荐的尺码会更加合适。客服要做到比客户还了解她，毕竟咱们是专业的导购。

同理，向中老年女士推荐鞋码的时候也要考虑细节。女士到了一定的年纪，脚的骨骼会略微变形，推荐鞋码时一定要注意这个细节。很多人上了年纪后选择鞋码时会选择大半码，也是这样的原因。

想更好地向中老年女士推荐尺码，客服可以先了解自己的长辈日常的尺码选择和穿衣喜好，这样推荐的尺码会更合适。

3. 童装的尺码推荐方法

母婴也是红红火火的大类目，该类目的回购率很高，尤其是童装子类目。现在人们的生活条件越来越好了，小朋友的服装，一来价格不低于成人的服装，二来款式不少于成人的服装。而且小朋友长个儿的速度快，所以该类目回购率很高，衣服、鞋子基本是按季度迭代的。因此对于母婴类目的客服来说，学会推荐适合小朋友的尺码是最基本的。

童装的尺码可能会比较特殊，地区差异等因素会导致推荐的尺码有所不同。例如，由于南北方的气温差异，南北方的小朋友的衣服搭配会有一定差异，客服推荐的尺码自然就不一样了。试想，一个南方小朋友冬天待在没有暖气的教室，外套里可能会穿加厚毛衣、小背心，说不定还有保暖内衣，这样才会感觉温暖；而在北方有暖气的地方，小朋友的穿着一般就是打底衫加外套，最多3件。这样一南一北的两个小朋友，买同一件衣服，尺码可能就不同。

同时，推荐小朋友的尺码，应考虑不同年龄阶段的成长规律。因为不同年龄阶段的小朋友的生长速度是不同的，所以针对不同年龄段的小朋友进行尺码推荐，客服需要提醒妈妈们。有些妈妈没意识到自己孩子长得那么快。曾经有位客户来选购童鞋，报了自己孩子平时的鞋码，客服主动咨询了客户孩子的年龄，当客户告知年龄后，客服根据经验判断客户选择的鞋码可能偏小了，所以建议客户再测量下孩子的脚长。客户开始不乐意，但是测量后态度大变，说幸亏测量了，否则鞋子就要顶脚了。

相比衣服，小朋友的鞋子更难推荐，因为妈妈们测量的尺码总是有误差，再加上小朋友长得很快，所以买的鞋子不是太大，就是穿几天就顶脚。在建议客户测量小朋友脚长的时候，不建议客服用文字描述如何测量，而应该发一张图片，直观地展示测量方法。客服还应了解小朋友的脚是否偏胖。若小朋友的脚型正常，在原有鞋码的基础上，一般可适当选择大一点的尺码，例如小朋友脚长18cm，建议按照18cm+0.5cm选择鞋码。如果小朋友的脚偏胖，也可以按18cm+1cm选择鞋码，因为小朋友活动量大，穿大小正好的鞋子，反而会限制他们，稍微有点活动空间的鞋子，穿着才更舒适。

尺码推荐是个技术活，客服除了需要了解商品，还要有生活经验，愿意和客户多沟通，这样才能在推荐尺码的时候做到游刃有余。综上所述，科学推荐商品尺码需要遵循以下 3 个原则。

一是了解店铺商品的特点，如尺码偏大、偏小等。

二是了解客户需求。

三是留下推荐余地。

尺码推荐的 3 种常见错误如下。

让客户自己看详情页选择。这是非常不利于成交的做法。

把尺码表截图发给客户，让客户参考。这是十分不专业的做法。

根据客户提供的身高体重信息，肯定地推荐一个尺码。这容易引起售后纠纷。

读书读记

17 构建营销场景，满足客户使用场景的需求，提高转化率

客服若想为店铺带来更高的效益，不仅应及时响应客户的提问，还需要针对不同的客户、不同的商品，营造不同的销售场景。

吴声在《场景革命》一书中提到，人们关注的不仅是商品本身，还有商品所处的场景，以及场景中自己的情感，打动人心的场景将成为销售的关键。

在销售过程中，客服的回答通常是围绕商品的属性、尺码、颜色、材质这些方面展开的，不仅略显单调，还会让客户感觉服务缺乏温度。想不被智能客服替代，就需要升级改变刻板的销售模式。

比如销售一件外套，在一般营销中，当客户咨询尺码时，客服习惯直接根据身高体重推荐尺码。而在场景营销中，客服会先问客户平时的穿衣风格，是宽松还是修身；然后询问客户的穿着环境，是工作场合还是休闲场合；最后关注客户所在地区，我国南北温差很大，内搭不同，选择的外套的尺码会不一样。还原各种场景后推荐的尺码，才是最适合客户的。

以家具类目（见图 17-1）为例，看看懂得场景营销的客服是如何做商品介绍的。

图 17-1

【实例1】

客户：想买你们家花凳，哪个尺寸合适？

客服：亲看上的这款花凳，有 3 种尺寸，请问亲是要摆放什么物品？

客户：打算放一盆水仙。

客服：水仙花大约多高，亲知道吗？

客户：33 厘米左右吧。

客服：亲打算把花凳放置在墙角，还是放在沙发或者其他家具旁边？

客户：就放在客厅的沙发旁边。

客服：根据亲摆放的环境和花的高度，建议选择小号。

大家可以思考以下两个问题。

（1）对于摆放水仙花和吊兰，推荐的花凳尺寸一样吗？

（2）对于摆放在沙发旁和墙角，推荐的花凳尺寸一样吗？

客服应在和客户沟通的同时营造客户的使用场景，根据客户需要摆放的物品的尺寸，推荐合适的花凳尺寸。随着客服的引导，客户脑海里也会出现自己那盆心爱的水仙花终于有了合适的地方展示它的美丽和香气的场景。

当然，客服在销售环节中面临的肯定不止尺寸问题，如这款花凳，客户可能还会提出价格比较贵、和自己家具颜色是否搭配等问题。对于这些问题，客服可以通过自己的引导帮客户构建具体的使用场景。

【实例2】

客户：这款是实木的吗？价格有点贵。

客服：亲，这款的木质是进口的水曲柳，请问亲生活在哪个城市？

客户：大连。

客服：大连是个美丽的城市呢，不过亲选购家具时要考虑一下木质，因为如果开暖气的时间比较长，室内干燥，含水率太高的木质容易变形或者开裂。这款花凳的材质是进口的水曲柳，含水率符合国际标准。

客户：确实呢，以前没考虑到，谢谢亲。

即使对南方的客户来说，家具含水率也是一个重要指标。因为南方比较潮湿，客服可以说防霉问题。客服通过生活环境的营造，可以让客户感受到选购了一款品质优良的家具的好心情。

客户： 这款是实木的吗？价格有点贵。

客服： 亲，这款的木质是进口的水曲柳，请问亲生活在哪个城市？

客户： 南京。

客服： 南京离我们这不远呢，我去年还去游玩过，南京是个很有故事的地方。不过最近南京这雨下得有点久，亲亲在选购家具的时候一定要关注木质的含水率，否则遇见这样的雨天，家具很容易长霉的。

客户： 确实呢，以前都没注意到，谢谢亲的提醒。

很多时候，客服也会做一些场景的构建，但是缺乏积累和总结，最终还是逐渐成为"一问一答"的机械式销售。客服可以尝试举一反三，试着为店铺所销售的商品营造出一个个不同的使用场景。销售场景越切合客户需求，越容易带来转化。

以客户需求为主，打造美好的场景体验，引起情感共鸣，是决定消费动机和影响最后转化的重要因素。

读书笔记

18 客户质疑价格高时，客服通过突出商品价值打动客户

除了部分设计师品牌的小众款，每个店铺都很难说自己是独家销售，另外随着各种成本的增加，店铺没办法一直走低价路线，而且电商平台那么多，没有最便宜，只有更便宜，客服必然会遇到比价的客户，他会说："你家怎么比别人家贵？能不能便宜点？"遇到这样的情况，客服若避重就轻，往往不能解决客户的问题，反而会导致客户放弃购买。

客户最终会选择下单，通常有两个关键因素：信任和价值。信任很好理解，如对品牌的信任，在咨询过程中建立起的对客服专业程度的信任，还有老客户对店铺的信任。基于这些信任，客户下单的概率会比较高。而对于价值的确定，很多时候客户把价值和价格混淆了，价格是商品的属性之一，材料、设计、包装决定了商品的价格。客服销售时，不能只告知客户商品价格的合理性，更重要的是突出商品的价值，让客户感觉物有所值。

当客户质疑你家商品的价格比别人家高时，客服可以通过以下角度说明商品的价值：店铺直接赠送运费险，客户购买更安心；店铺的售后服务更完善，质保时限更长；店铺有会员体系，购买商品会累计积分，积分可以直接兑换赠品或者抵扣金额。这些都可以凸显商品的价值，客户购买的不仅是商品，还有商品的售后等服务。

举个简单的例子，当我们看见一件旗袍的价格是几千元时，大多数人的第一反应都是"好贵呀"。但是如果销售人员说这件旗袍是资深老师傅手工制作的，工时是多长，缝制走线采取的是某种独家的工艺，每件旗袍都是独一无二的，哪些名人定制过这个品牌的旗袍等，那么这件旗袍就成了一件有故事、有内涵的旗袍，它的价格也就不会显得那么高了。价值提升时，价格似乎就下降了。

其实相对来说，任何东西都是贵的。比如，对于很多男生来说，花几百

元买一支口红，花几千元买一个包包，太不值得了；对于不少女生来说，男生买游戏装备、数码产品，都是在浪费钱。所以商品贵不贵，本就因人而异。比如，我喜欢看书，那书的价格对我来说就不高，当然书本来也不贵，但是对于不看书的人来说，没必要花几十元买书。比如，有些人很喜欢手办，喜欢收集各种成套的手办，但对于我来说，手办只是一个小物件，而且不便宜。所以大家看出来了吗？对价格的体验是因人而异的，客服在销售时，只有将销售的商品和客户的需求联系在一起，才会让客户动心，让客户更加想拥有这件商品。

客服可以针对自己店铺的客户群体，在销售的过程中强化商品的价值。比如母婴类目，妈妈们爱孩子，更注重商品的安全性，所以客服表示所销售商品的安全性高、能启发孩子智力等，会比强调价格低，更能影响妈妈们的购买决策。

客服都学习过基于 FAB 法则的销售方式，不过，在推荐商品的过程中，当客户抱怨价格高的时候，客服可以尝试"FAB+G"，"G"即展现价值。比如一双小牛皮的鞋，价格不便宜，如何让客户感受到商品价值呢？不同客户对同一双鞋的需求不完全一样，有些客户觉得这种材质贴合脚型，穿着舒服，有些客户更看重小牛皮材质的透气性。客户的需求到底是哪种，客服需要在推荐商品的沟通过程中探寻。而展现商品的价值，一定是和客户需求紧密相关的：对追求贴合脚型的客户，可以强调"这双小牛皮的鞋就是为您定制的"；对追求透气性的客户，可以强调这是一双"会呼吸的鞋"，非常舒适。

【实例】

客户： 这鞋什么材质的？

客服： 亲亲，您眼光真好，您看上的这款短靴是小牛皮材质的。

客户： 牛皮的鞋怎么这么贵呀？

客服： 亲，咱们家这个鞋是胎牛皮材质的，胎牛皮皮质非常细腻，有一种独特、舒适的脚感。

客户： 皮质细腻，那耐磨吗？

客服： 亲真的很专业，胎牛皮的韧性特别好，是牛皮中最好的皮，耐磨度都是经过测试的。

客户： 我再看看。

客服： 亲亲，也许您觉得价格稍微有点高，可是这种材质的鞋子的皮质弹性好，舒适度非常高，很多客户都觉得购买的鞋就和定制的一样，所以会回购。

客户： 嗯，看评价是蛮好的。

客服： 是的，胎牛皮的皮质纹路清晰，很难造假，每双鞋都彰显品质呢！

客户： 那能优惠点吗？

客服： 您是我们的新客，可以申请入会，入会后可领取 50 元的大额优惠券呢。

　　实例中的客户很喜欢这双鞋，只是觉得贵了一些，但是客服并没有围绕价格来和客户沟通，而是通过鞋子的材质特点、稀缺性来凸显鞋子的价值。对于单价高的商品，客户在购物时，就怕其品质不够好，客服应抓住客户心理进行沟通，真正打动客户的还是商品的高品质。

　　很多时候，客户不是买不起，只是纠结是否值得，因为很少有人会咨询自己买不起的商品。客服应时刻记住客户购买的不是商品所谓的卖点，而是客户认为的商品价值。

读书读记

19 有策略地应对不同类型的客户议价，提高成交概率

很多客服对议价抱有这样的观点：现在的年轻人更关注品质，不在乎价格高低，我自己购物就从来不议价。但真实情况是这样吗？对客服接待情况的数据分析显示，超过80%的询单客户都会议价，超过30%的客户还会多次议价，这表明议价是购物行为中一个非常普遍的行为。既然是普遍行为，那还是值得分析和讨论的。很多时候，客户议价并不是直截了当地问能不能优惠，而是会在沟通时埋下伏笔，关键时刻给出一个客服难以拒绝的理由。本期将介绍客户会用哪些理由议价，面对这些理由，你是否能招架？

1. 诉苦型

诉苦型客户议价时，会做很长的铺垫，先全面细致地咨询客服，了解商品的方方面面，全程表达对商品的喜爱之情，让客服认为自己是一位成交概率很高的客户，接着会提出议价请求，如果客服婉拒了，这类客户并不会轻易放弃，而是会继续打感情牌，如"我还是学生，真的非常喜欢你们家宝贝，老板就便宜点呗""这是送女朋友的礼物，要不她要生气了"。遇到类似的议价场景，客服多数时候都不好意思拒绝。

客户画像显示，学生是主要的消费群体，所以没有经济来源并不是要求优惠的充分理由。当然，客服需要做的是了解客户议价背后的需求，并不需要评判这个理由。

应对诉苦型客户的议价，客服可以见招拆招："亲亲，看您这么喜欢我们家商品，我也特别希望能成交，可是我没有额外的优惠权限呢。"接下来，客服也可以诉苦："真羡慕亲，怀念上学那会儿，现在工作赚钱难，业绩考核还很严格。"本想让客服同情自己，给自己优惠，现在反而还要安慰客服，客户自然不会继续用类似的议价理由。

2. 承诺型

承诺型客户议价时，不会和诉苦型客户一样，而是会理直气壮地对客服说："老板给个最低价，办公室小姐妹要团购。"这时候客服如果抑制不住内心的喜悦，以为自己被大单砸中，直接告诉客户最低可以××元，客户可能会接着说："好的，我先买一件试试，好的话其他小姐妹都要买的。"这时候，再回复单件不优惠就有点迟了，毕竟你把底牌亮给了客户。

当然，一些类目的商品会有团购订单，遇到这种订单，客服要做的不是马上给出最低价格，而是问清楚客户需要的数量、型号及要货时间等，了解清楚购买清单再谈团购价格。正常企业采购是有预算和审批流程的，来采购的人员也是有清晰目标的，这样的团购订单会更加靠谱。

类似客户只是试探商家的价格，承诺先买一件试试再批量的场景，还有很多，建议客服同样给这类客户一个承诺："亲，您可以先购买一件看看是否合适，如果下次需要团购，客服会帮您申请团购价格，并且把与这次单件购买的差价也退给您。"承诺对承诺，若客户以后来兑现承诺，客服将收获大额订单；若客户不来兑现承诺，客服也能顺利完成本次交易。

3. 利诱型

利诱型客户议价时，会抛出很多诱饵。下面的话是不是似曾相识："给我优惠点，到时候给你们好评"或者"优惠点，帮你介绍朋友来购买"。对于店铺来说，好评也好，帮忙分享、宣传也好，如果由店铺自己来引导、推动，都是需要花很多精力的，现在客户主动提出这些好处，要不要直接答应呢？

大家不要忘记，利诱往往是和威逼连在一起的，在这类场景中，如果客户被拒绝，就会演变成另一种情况："不给我优惠，那就不买了""没优惠，到时候不给好评"。

不论是利诱还是威逼，客服都有回应的方式。如果客户展示友好的一面，客服可以表达衷心的感谢，但不是用金钱感谢。首先，"好评返现"在淘宝规则里属于违规行为，判定成功后，淘宝会对店铺进行一般违规扣分，客服提供的服务一定要建立在不触碰淘宝规则的基础上。其次，针对客户说的好评，可以向客户说明店铺的评价都是客户购买商品后的真实反馈，转移客户对价格的注意力。如果客户威逼客服，客服也无须担心，现在天猫店铺都开通了

"评价要挟极速处理权益"，客服可在客户下单后，做好标签记录，一旦客户给予了一些不良评价，客服可以上传凭证，删除评价。

4. 分析型

分析型客户议价时，并不直接提优惠这个关键词，而是帮着客服分析各种利弊，比如"马上就换季了，羽绒服放着也是积压在仓库，还不如便宜点卖我"，或者"你们一件也得包邮，我买好几件，帮你们省了不少邮费，邮费钱就给我折成优惠呗"。是不是感觉分析得很有道理？客户好像不是在让你优惠，而是在帮店铺解决各种小麻烦。

面对这类客户，不要被绕进去了，客服这时候可以说明店铺的立场，比如针对客户"省邮费"的说法，真诚地向客户说明，"通常商家的邮费成本是按照平均值计算的，寄往某些地区可能会省一些邮费，寄往偏远地区则需要贴邮费，售后退换货还会产生额外的邮费支出，这些都会均摊到邮费支出项，所以商品包邮本就是商家的让利行为，无法按照亲的理解，算成利润给您优惠，还请亲多多理解"。

除了以上 4 种比较常见的议价理由，实际工作中，还有很多意想不到的议价理由。面对五花八门的议价理由，客服要做的是还原议价的真实需求，面对买卖双方的价格分歧，既不简单粗暴地拒绝，也不一味地退让优惠，而是进行有条件的让步。

读书读记

20 两招搞定关联销售，提高客单价

在观看直播的过程中，我偶然发现，客服工作难做的不是关联销售，而是掌握客服的专业知识和保持对工作的热情。"大V"主播不在我们讨论的范围内，因为他们很多时候是靠价格优势赢得高销量的，而大多数的主播并没有特别突出的价格优势，那什么样的主播的销售能力更强呢？关键就在于主播的专业度和热情度。

1. 专业度

同是卖女装的主播，有的主播只是不断试穿衣服，然后简单介绍材质和尺码，这种直播，客户看一会儿就腻了，因为和看店铺的模特图没区别。但是专业的主播并不着急试穿，而是先向客户介绍面料，通过面料的细节让客户感受到衣服的品质，然后告诉客户具体的材质特点、舒适度等。

客服可能会觉得，文字的表现力没有视频强，无法展示材质特点。但是，要知道，我们可以适当地使用修辞手法，形象的比喻就可以很好地表达材质特点，比如"柔软得像宝宝的皮肤"，此刻，你能想象出那种滑嫩的感觉吗？

这只是吸引客户的第一步，让客户产生想体验的想法，但还远不足以打动客户。

接着，主播在试穿的时候会向客户讲解衣服的设计特点。比如，如果衣服没有特别的款式，就告诉客户衣服简约、百搭；如果衣服是有特别的设计，就告诉客户这是"设计师款"；如果衣服是高领的，告诉客户衣服显气质；如果衣服是V领的，告诉客户其在视觉上能拉长脖子，显瘦。再普通的衣服，主播都能说出特色，哪怕客户已经有款式类似的衣服了，主播也会告诉客户自家的衣服面料升级了，颜色是今年的流行色，设计元素很有高级感等，总之就是让客户觉得衣橱里正好缺这一件。

同理，客服在介绍商品卖点的时候，也可以根据客户需求突出卖点。比如卖颗粒玩具的，可以根据孩子或客户自身的年龄来介绍商品的卖点。学龄前孩子的家长，更容易被色彩鲜艳、材质安全的玩具吸引；已经上学的孩子的家长，更容易被能开发大脑、提升动手能力的玩具打动；成人则更看重玩具的减压效果。

最后，主播会开始做各种搭配，进行关联销售。普通的主播会一件件试穿，而厉害的主播会进行1+*N*的搭配，如打底衫搭配裙子、裤子、马甲、西装，还可以和卫衣叠搭。然后主播会向客户讲解不同的色系搭配，让客户觉得只买一种颜色怎么够。如果客户实在懒得搭配，也没关系，主播会建议客户购买整套，省去搭配的烦恼。这样的关联销售，既提高了客单价，又为客户解决了切实的烦恼，但是前提是主播够专业，懂穿衣搭配、色系搭配，以及不同年龄层、不同场合的搭配需求。好的购物体验就是购物时省时省力，客户只需拍下付款。

其实客服在服务的过程中也可以做关联销售，很多类目的商品都具有强关联性。比如前几天我买了两个发圈，还想看看发带，但是确认订单信息后，客服就没有再推荐了，自己也就懒得再看了。

关联销售，不是客服推荐了，客户就会买单。客服一定要充分了解商品，懂得客户需求，这样关联销售成功的概率才高。比如妈妈为几个月大的宝宝选购隔尿垫，针对这个年龄段宝宝的需求，客服可以考虑推荐睡袋，以及吸汗巾、口水巾等必不可少的商品，但是若推荐儿童牙刷和毛巾，就完全没必要了。除了根据可搭配使用的产品来进行关联销售，还要注意运用优惠，大多数店铺都会有满减活动，客服可以帮客户凑单，让客户感觉多买的商品和白送差不多，不多买点儿就吃亏了。

2. 热情度

客服工作的重复性非常高，容易失去服务的热情，越来越机械的回复话术也让客户感到厌倦。主播却不一样，他们永远精神饱满，这种热情会透过屏幕感染客户，让客户忍不住"买买买"。

某天我进入一个直播间，一位女装主播在非常兴奋地介绍一件衣服，那种热切的态度、真诚的表达让人感觉她是真心喜欢这件衣服，所以才强烈推荐给客户。过了几天，我无意间又进入同一个直播间，虽然这时直播间销售的是另一家店铺不同的衣服，可是这位主播依旧热情满满地讲解，让客户觉得现在不买就会错过。仔细想想，主播有时候就像演员，直播间就是他们的舞台，他们每天都把自己最激情的一面展现给客户，每件商品都是他们的最爱。

不管客服介绍了多少次，即使自己也觉得商品很普通、不吸引人，还是要保证自己说介绍词时如第一次那样饱含激性，充满新鲜感。因为客户永远是第一次听客服介绍，谁能保证客户不会被客服的热情感染呢？

销售不难，因为人们的物质需求越来越多，只要店铺有货物，总会有需求找上门。销售也很难，因为要做好销售，客服不仅要有扎实的专业知识，还需要每天保持元气满满。

读书读记

21 深挖客户购买兴趣点，合理利用关联销售提高客单价

我在做一些店铺客服数据的诊断时，发现对很多客服而言，关联销售仅仅是书本上一个抽象的名词，他们根本没有主动关联销售的意识。想让客服有主动关联销售的意识，在教客服怎么做之前，应先让客服明白为什么这么做。

我们来看一家店铺的销售额数据，对比分析做与不做关联销售的区别，如表 21-1 所示。在接待量相同的前提下，两位客服一个月的销售额就相差了 6 万多元，那一年累计下来就是 74 万多元。其主要原因就是客单价差了近 20 元。

表 21-1

客服	月销售额 / 元	客单价 / 元	客件数 / 件	件均价 / 元
美美	191 838	57.33	7.17	8.09
丽丽	129 385	39.6	4.6	8.40

看到数据的老板们，千万别惊讶，看看自己店铺的数据，估计也会汗颜。难怪店铺的推广成本居高不下，店铺订单的客件数少。客户进店，只买了店铺用来引流的热销款，这样不亏本才怪。

关联销售的重要性，不仅在于提高客单价。如果店铺想推广一个新品，前期的破零比较困难，没有销量和评价，很难吸引客户下单购买。而这时，可对已决定购买商品、对店铺有一定信任基础的客户，进行新品的关联推荐，再加以适当的优惠，成功的概率往往会更大。

如果你接触过运营推广工作，必然会了解客单价直接影响推广的成本。增加店铺的流量，提高每位客户的客单价，一定少不了客服的主动关联销售。

综上所述，关联销售是销售中非常重要的一个环节。客服只有树立了必须去做这件事的意识，才会着手去做。

做关联销售，首先得知道店铺哪些商品可以激发客户的购买动机，其次要了解客户的兴趣点有哪些，最后还要找到合适的销售时机，只有通过这几

方面的配合，才能有效地促成关联销售。

这里主要介绍如何深挖客户的兴趣点，明确哪些兴趣点可以做关联销售的切入点。

1. 价格刺激

在销售过程中，1+1 在很多情况下都不等于 2，甚至小于 2。这并不是店铺算错了，而是店铺抓住了客户对价格的敏感度，进行了相应的设置。比如天猫超市有满 99 元减 50 元（约等于 5 折，见图 21-1）的优惠，大多数客户购物时都会凑满 99 元，这就是关联销售里最容易打动客户的价格刺激。

图 21-1

再如，毛呢外套售价 500 元，打底衫售价 200 元，原价为 700 元，但若两件一起买，只需要 580 元。客服可以告诉客户一起买能省 120 元，或者只需要多花 80 元，就可以购买原来价值 200 元的打底衫。进行关联销售时，也许客户会说自己有打底衫，客服可以补充说明："这个打底衫的袖子是今年流行的荷叶边款式，颜色和这个外套很搭配，可以免去自己搭配的麻烦。"

这样的实例还有很多。关联销售的第一个切入点是"抛出价格刺激 + 深挖客户需求"，客服要把"双拼套餐"呈现给客户，让客户感觉若没买打底衫，就像吃快餐没搭可乐一样，总是感觉少了点什么。

2. 条件诱惑

买过护肤品的读者或许会对条件诱惑十分熟悉：自己本来只想买一瓶面霜，但看见满 500 元送品牌化妆包，就加了一瓶乳液，然后又看见满 800 元会再送一支限量版的口红，犹豫了下，又加了一瓶眼霜，凑够了 800 元；如果继续浏览，可能还会看到买套装送更多赠品的活动，就这样，在各种条件的诱惑下，不知不觉买了很多。

很多客服对议价的客户毫无招架之力，想给客户优惠，却发现客户还想要更低的价格。淘宝没有最便宜，只有更便宜，使用低价竞争策略不是长久之计，所以客服干脆直接拒绝客户，这样的结果就是流失了订单。其实当客户议价的时候，客服可以从关联销售的另一个切入点——条件诱惑，也就是谈判中一个常用的策略切入，有条件地让步。常见的条件诱惑如图21-2所示。

跨店满减 / 每满300减30 / 上不封顶

¥50 满500使用 津贴叠加

¥140 满1000使用 津贴叠加

¥250 满1500使用 津贴叠加

图 21-2

【实例1】

客户：优惠点儿呗。

客服：可以，我们店铺满200元就可以用减20元的券，相当于给亲打了9折，如果多买，折扣力度更大。亲选的裤子是168元，搭配一件T恤就可以使用券了。

【实例2】

客户：送毛球挂饰吗？

客服：可以，只要再购买任意一个新款钱包，就送限量版的毛球挂饰。

【实例3】

客户：发顺丰快递吗？

客服：可以呀，我们店铺满288元顺丰包邮，您看这款口味的牛肉干卖得很不错，一起买就可以顺丰包邮了。

客户想要的优惠，我们都可以满足，但是需要达到一定的条件。这一方法需要客服预设好关联搭配，方便客户凑单，以达到优惠的门槛。这样客户享受了想要的优惠，客服也提高了客单价，何乐而不为呢？

3. 情感共鸣

价格刺激和条件诱惑，算是关联销售的基本方法。除此之外，如果能抓住客户的情感需求，那关联销售成功的概率也会大大增加。

亲情、友情、爱情，不管是哪种感情，一旦被触动了，人在消费的时候，就往往会忍不住多买很多。人其实有很多个心理账户，最容易促成消费的账户就是情感账户。

例如，一位省吃俭用的妈妈为自己买衣服时也许会反复考虑，但是给孩子买衣服、学习用品时，是非常爽快的。母婴类目的客服，如果与妈妈们有共同的话题，愿意和她们聊孩子，形成情感共鸣，那客单价翻一倍都不是什么难事。

再看图 21-3 中的闺蜜装，女生总有要好的"姐妹"，而闺蜜装正好抓住了人们对友情的需求。客服在关联销售时，表达对客户"姐妹情"的羡慕，讲述自己的"姐妹情"等，都可以引起客户的情感共鸣。

图 21-3

本期总结了 3 种客户兴趣点，讲解了如何深挖这些兴趣点。要熟练掌握关联销售的切入点，客服平时就应多练习，灵活组合应用——价格刺激不够，给出条件诱惑，如果还是不行，那就利用情感共鸣打动客户。

读书读记

22 刻意制造服务瞬间，打造客户购物峰值体验

据诺贝尔经济学奖得主丹尼尔·卡内曼（Daniel Kahneman）的研究，人们对一段经历的感受取决于两个时刻："峰值"（最好或最坏的时刻）和"结尾"。很多线下门店都会利用行为设计学打造购物的峰值体验。此外，逛过宜家的读者应该会对宜家出口处的1元冰激凌印象深刻。1元钱的冰激凌看似赔本，却为客户带来了极佳的"终"（也就是"结尾"）体验，成了宜家的一个标志。相反，对"终"的设计不好，可能会流失很多原本可能重复购买的客户。

客服应如何营造客户购物的体验峰值呢？俗话说，有始有终。客服服务的开始和结束，是非常关键的服务环节，可能成为客户购物的体验峰值。始，是客户进店时，对其的第一次问候，会直接影响客户对店铺的第一印象及其购物决策；终，就是客户离店时，客服对其的告别。

客服应如何做好告别工作呢？我曾经在一家男装店帮爸爸选购裤子，收到后发现裤子不太合适，所以联系客服退货了。一般而言，店铺完成退货退款，服务也就结束了，但是这家店铺的客服在退款后，还给我发了一句告别语："亲，很遗憾这次您没能选购到心仪的宝贝，期待亲继续关注、再次光临。"看到这条留言，我瞬间有点感动，对这家店铺的好感度直线上升。之后，我在这家店铺进行了几次回购。我想大家也猜到了，淘宝同类商品这么多，我选择这家店铺的主要原因是客服的友好告别给我留下了深刻印象，只要给爸爸购买衣服，我第一时间就会想到这家店铺。

1. 已成交的客户

对于已成交的客户，除了礼貌友好地告别，客服可以引导客户加入店铺群，或者邀请客户成为店铺的专属客户，使其成为店铺黏性高的老客户，方便日后的老客户维护和营销。当然，客服也可以做售后提醒。现在平台计算

品质退款率时，会以客户第一次申请退货退款时选择的理由为准。客服可以在售前环节，做好友情提醒，引导客户在对商品有疑问时第一时间联系客服处理。客服也可以做评价引导，很多客户都不想确认收货和评价，客服可以引导客户进行评价。

2. 准备成交的客户

对于购物意愿比较强，但是没有下单的客户，客服可以做好追单或者日后服务的准备。首先是引导客户收藏商品，这是必不可少的工作环节。其次，可以申请和客户加好友，把客户单独分组并备注，方便跟进，做到当客户再来咨询时能第一时间说出客户需求，这样客户会觉得自己被重视，获得良好的购物体验。也可以引导客户关注店铺的微淘，很多时候客户没立即下单都是希望在店铺活动的时候选购，只要店铺的微淘正常更新，那客户通常会看到店铺上新或者优惠的信息，回购的概率非常大。最后，客服还可以借助千牛新建任务、存档的功能跟进客户的情况。每天上班的第一时间，客服可以先查看昨天建立的任务，不管是售前追单、催付，还是售后物流跟踪，都可以一一落实，养成件件有着落，事事有回音的良好工作习惯。

3. 未成交的客户

当然，很多咨询的客户可能并没有明显的购买意向。对于这类客户，同样建议客服提前编辑好话术，友好告别。买卖不成交情在，做到服务有始有终，能让客户对店铺留下良好的印象。

麓人说

第 3 篇
职业素养提升篇

23 "三心二意"做服务，提升店铺竞争力

应该做什么样的客服，每位客服心里都有自己的标准。客服同时也是客户，如果自己购物时对某店客服的服务不满意，可以提醒自家客服避免出现类似的做法；团队也可以经常组织分享会，让客服分享自己消费时的体验、遇见的一些贴心服务，让大家一起借鉴学习。

店铺运营从以前的单一流量运营变为现在的多渠道引流，逐渐回归商业的本质——店铺的核心竞争力。店铺的两大核心竞争力就是商品和服务。服务的关键词，可总结为"三心二意"："三心"是指热心、耐心、细心，"二意"是指品牌意识、用户意识。

1. 热心

客服要让服务有温度，就要传递服务的热心。但不是称呼客户"亲"就代表热心，而是在程式化服务之外，主动为客户提供更好的服务。

例如客户来查物流，不热心的客服会告知客户物流单号，或者直接让客户等待；但是热心的客服除了告知物流单号，还会截图物流详情发给客户，安抚客户情绪，告诉客户大概的到货时间。

热心的客服会让客户感受到自己的热情回复，而不是程式化、麻木地应对，更不是爱答不理、敷衍了事。除了对客服的聊天进行质检，店铺还可以根据客服的响应时间和答问比等数据来判断客服的热心程度。

2. 耐心

通过网络与客户交谈时，我们不知道客户的情况，也许客户是第一次网购，也许客户是一位年过六旬的老人，很多我们认为客户应当了解的东西，客户可能真的不知道，毕竟客服才是店铺最专业的产品专家。

前几天，我在某店铺买玉米糊给老人吃，问客服玉米糊是否含糖，是否

适合糖尿病人，客服回复："你不是都买过吗？"线下购买的和网店所售的是否同一商品，客户怎么能确定呢？特别是这些特殊食品。客服要做的难道不是打消客户疑虑，让客户安心下单吗？

优秀的客服，心目中只有两种客户，现在成交的客户和未来成交的客户。客服的耐心服务会赢得更多客户的信任，客户哪怕当时没有下单，也会留下对该商品的印象，在未来恰当的时机会选择购买的。

3. 细心

客服的细心需要从服务的点点滴滴中体现出来，很难用一两句话描述出来，通过下面这个实例，大家可能会更直观地感受到服务细节。

客户咨询是否有优惠券，客服非常细心地发送截图（见图23-1），告诉客户在哪儿领取以及如何使用优惠券。在接待过程中，这位客服类似的服务细节有很多，如客户问材质，她会通过图片或者其他客户的评价让客户有更切实的感受；订单备注时，她会再次向客户确认信息，并且对于客户的一些特殊要求，她都会和仓库交接好。

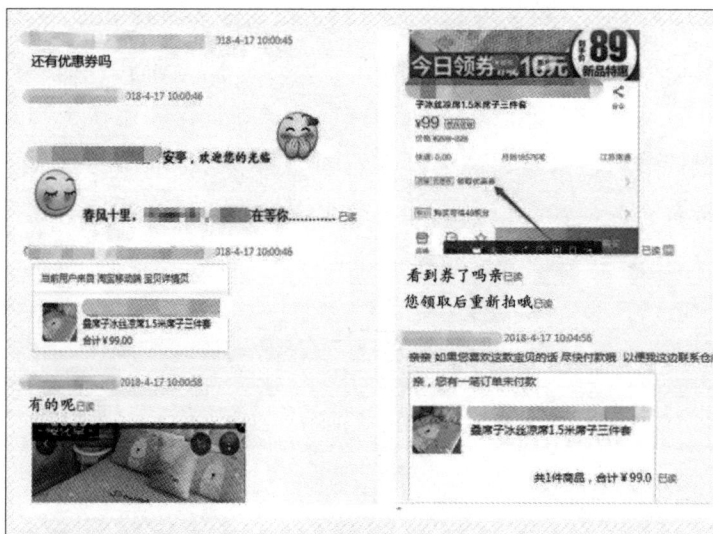

图 23-1

我认识一个定制店铺的客服，她从事客服工作两年多，在定制沙发垫的尺寸和金额方面，没有犯过一次错误。很多客服会说，人工计算难免出错。

但是，相对于客服的千万次服务，一次失误可能算不了什么；而对于客户，客服的一次失误就会影响他在这家店铺购物的全部体验。

4. 品牌意识

品牌会影响客户的购物选择。李佳琦进行直播，李佳琦就是一个品牌；很多淘宝女装店，每次上新都会有老客户下单，那店铺名就是品牌。

简单地说，品牌就是让客户上瘾。如何能让客户上瘾呢？第一印象非常重要。第一次交易时，如果客户对店铺的商品和服务都很满意，再买类似商品时，客户将第一个想到这家店铺，反复购买。在客户心目中，客服就是品牌的代言人。

同时，还要让客户获得成就感。如何让客户在购买商品时获得成就感呢？客服可以通过赠送一些令人惊喜的小礼品，让客户在消费的同时对这种成就感上瘾，期待得知下次会获得什么样的礼品。

5. 用户意识

很多事情，站在客户的角度考虑，就会有完全不一样的结果，比如浏览两家女装店铺的微淘，其中一家店铺用九宫格分享上新的衣服，另一家店铺则分享衣服的搭配、演员的穿搭，你觉得谁的微淘会更吸引客户呢？

服务也是一样的，若客服不会倾听客户的需求，没有办法理解客户情绪，双方就会一直站在对立面。客服在解释，客户却觉得客服在掩饰，因为客服看不到自己的情绪，只是在说店铺方面的理由，这样的服务，客户自然是不满意的。常有客户说客服很难沟通，客服也觉得委屈，归根结底是客服没有先关注客户情绪，再处理客户问题。

你是一名"三心二意"的客服吗？

24 打造客服核心优势，提高职场竞争力

周末休息时，我看了一本有趣的书——《树木和房子》。我在书中所写的房子的建造过程中，读出了客服的成长之路。

1. 基座——客服的态度

房子没有基座，就无法建成，而客服没有好的态度，难以持久工作。

客服的态度，就像房子的基座一样，没有好的态度的客服是难以坚持做这项工作的。我们公司在招聘客服的时候会和应聘人员聊很多，以观察其对服务的态度、应变处理各种情况的能力。客服岗位是一个充满挑战又充满成就感的岗位，客服虽然每天面临着不同的客户、不同的问题，但是当逐一解决问题，成功销售一件件商品后，内心会充满成就感。而能始终如一地面对每一位客户的关键就是良好的态度，有好的态度才能保持热情、扛住压力，才能享受这个岗位带来的成就感。

2. 柱梁——岗位知识和技能

支持客服工作的柱梁自然是客服的岗位知识和技能，比如平台的规则、软件的操作、接待的流程等。工作基础打得越牢，越能做到游刃有余。懂规则，售前才不会陷入规则陷阱，售后也能很好地避免各种纠纷、投诉；灵活应用各种软件，不但能省时省力，还能保障效率。就像不合格的柱梁会导致房子倒塌，没有扎实的岗位知识和技能，客服在工作中会错误百出，最终可能导致不可挽回的损失。

3. 屋顶——客服的格局

就像屋顶要做到气势磅礴一样，客服要突破自己的工作瓶颈，最关键的就是格局要大，不要计较一个订单的得失、一个客户的去留，不要只想接待容易成交的客户，不要害怕处理棘手的售后问题。否则，不管是做 1 年还是

做 3 年，都只是从新客服熬成老客服，工作能力上没有什么大的突破。而客服主管需要更关注业务数据，尤其是老客户的回购率，愿意学习基础岗位外的技能，能听取别人的意见。格局变大了，会看见更大的世界。

4. 门窗——工作的细节

门窗处处体现了细节的美感，一座漂亮的房屋少不了这些点睛之笔。

客服服务也是一样，想用自己的服务吸引客户，就需要打磨每一个服务细节，愿意为客户多做一些，让销售成为艺术。比如，我曾在一家店铺购买手机支架，当时选错了颜色，可是店铺已经发货了，我就去找客服沟通，客服很爽快地让我重新拍，他们负责拦截之前发的货，不需要我担心。而更多的客服遇到类似情况，可能会因为怕麻烦而告诉客户已发货的订单改不了地址，或者要求客户收到货再退换，这不仅增加了客户的等待时间，而且增加了交易的成本。虽然拦截快递是需要服务成本的，但是它能换来客户良好的购物体验，能使客户变为店铺忠实的老客户。因为怕麻烦，客服可能会错失一个客户，而我们永远不会知道自己因为服务细节不到位流失了多少客户。

一座漂亮、坚固的房屋，一定拥有牢固的基座，还有结实的柱梁和宽阔的屋顶，以及漂亮的门窗。一个优秀的客服同样应兼具态度、岗位知识和技能、格局、细节意识，这样才能在职业道路上越走越远。

25 提高服务意识，好好说话，提高客户转化率

不会说话意味着留不住客户，甚至会得罪客户。下面讲讲哪些说话方式容易得罪客户。

1. 一问一答

什么是一问一答？就是客户问一，客服只答一，绝对不会答二；客户不问，客服就选择沉默。

如何判定客服是否在一问一答？可以看绩效软件里的答问比，答问比低于 120% 的店铺的客服平时基本都是一问一答，具体如图 25-1 所示。

旺旺	咨询人数	接待人数	直接接待人数	转入人数	转出人数	买家发起	客服主动跟进	总消息	买家消息	客服消息	答问比	客服字数	最大同时接
	2174	1626	1610	13	3	1600	26	41036	16066	24970	155.42%	1373245	18
	3180	1870	1744	123	4	1806	64	53973	19007	34966	183.96%	2122362	69
	0	0	0	0	0	0	0	0	0	0	0%	0	0
	2487	1824	1813	10	1	1798	26	40479	18843	21636	114.82%	422117	41
	2880	2025	1898	124	2	1985	40	52542	20459	32083	156.82%	642828	56
	0	0	0	0	0	0	0	0	0	0	0%	0	0
汇总	10721	7345	7065	270	11	7189	156	188030	74375	113655		4560552	
均值	1786.83	1224.17	1177.5	45	1.83	1198.17	26	31338.33	12395.83	18942.5	152.81%	760092	30.67

图 25-1

有些客服会疑惑：这有什么问题呢？客户问的问题都回复了，怎么会得罪客户呢？

一问一答的服务场景是这样的：客户咨询了商品问题，但是心存疑虑，迟迟没下单。客服回答了客户的问题，就静静等待客户再次提问。客户可能会想，虽然客服刚才说明了，但还是感觉有点不明白，再问，客服可能会嫌烦，既然客服没继续说明，可能也觉得这单成交与否无所谓，还是再看看别家的商品吧。

一问一答给客户的感受就是服务不热情，不热情可能会得罪客户。

2. 答非所问

什么是答非所问？就是客服不正面回答客户的问题，不理解客户的真正需求，随意回复。

如何判定客服是否在答非所问？可以通过对聊天记录进行质检，分析流失订单来进行判定。

答非所问的服务场景如下。

【实例1】

客户：我身高160厘米，体重110斤，选择哪个尺码合适？

客服：××到××，穿S码；××到××，穿M码；××到××，穿L码。

这个回复看似没问题，可是客户想看见的回复是什么？客户只关心自己适合哪个尺码。更有针对性的回复内容是："根据您的身高体重，选择M码比较合适。"

还有很多类似的场景，如客户问是否有优惠，客服回复当前是限时价格的最后一天；客户问衣服会不会起球，客服说商品可以7天无理由退换。

答非所问给客户的感受就是服务不专业，不专业可能会得罪客户。

3. 滥用话术

什么是滥用话术？就是在对同一个客户的服务过程中，客服频繁使用同一快捷短语。

如何判定客服是否滥用话术？在对聊天记录进行质检时，如果发现同一句快捷短语的使用次数超过两次，即可视其为滥用话术，会被扣分。

滥用话术的服务场景如下。

【实例2】

客户：有优惠吗？

客服：亲，咱们已是最低价格，不议价的。

客户：那可以包邮吗？

客服：亲，咱们已是最低价格，不议价的。

客户：那有什么赠品？

客服：亲，咱们已是最低价格，不议价的。

这样的场景，大家熟悉吗？类似的服务场景还有售后的物流状态查询，有些客服经常频繁地发送："亲稍后，我帮您查。"然后一查就查几小时，没有反馈，再问则还是这句话。

滥用话术给客户的感觉就是客服不耐烦，没耐心可能会得罪客户。

4. 说话随便

什么是说话随便？就是客服乱说话，信口开河，态度不屑。

判定客服是否说话随便，可从两个方面入手：一是表达不够严谨，随口承诺，但实际又做不到；二是态度不屑，如客服说"逗我玩呢"，这种不屑的语气易导致客户非常不满。

说话随便的服务场景如下。

【实例3】

客户：这是七夕礼物，比较着急，发顺丰是否可以到？

客服：顺丰也无法保证的，时间太赶了。

客户：那要顺丰干吗？

客服：我无语了。

客户：你无语，我才无语呢，作为客服，一点耐心都没有，不买了。

实例3中，客户瞬间生气，虽然客服解释说自己是对那个关于快递公司时效的问题感到无语，并不是对客户感到无语，但在服务岗位说出这样容易引起歧义的话，还能称之为会说话吗？

说话随便给客户的感受就是客服缺乏责任心，没有责任心可能会得罪客户。

5. 其他方式

除了以上4种比较典型的不会说话的表现，还有一些非典型的不会说话的表现，客服也需要警惕。

（1）不会倾听。

在实际的服务中，特别是在处理售后问题时，很多客服太急于"说"，不关心客户的情绪，不听客户的需求，直接告诉客户解决方案。然而，有可能客服的这个方案，在客户眼里不是解决问题，而是要掩盖问题，推卸责任。

所以在售后服务过程中，不会说话的客服常会把客户惹怒，客户本来只是抱怨几句，最后演变成要退货，或者本来只是正常退款，最后却走向投诉。

遇到类似的场景，建议客服先听听客户的想法，如果客户觉得退货麻烦，那可以给客户适当的补偿。只有清楚客户真正的需求才能解决问题。

（2）直接拒绝。

每个人都不喜欢被人拒绝。在销售的过程中，客户提出的要求，客服也许不能满足，但是直接拒绝是一种非常不会说话的表现，常表现为一句话就把客户打发走了。

遇到类似的场景，客服完全可以换个说法，先认可客户的需求，再说明拒绝的原因，这样会更容易让人接受。

（3）滥用网络语言。

现在部分年轻人会将一些网络热词、新词当作自己的口头禅，但是这种口头禅不适合在服务场景中出现，因为客服并不知道客户是否接受这样的说话风格。使用网络语言经常适得其反，会让客户感觉客服非常不尊重人。

遇到类似的场景，客服要了解客户的风格。如果客户是活泼型，也会大量使用网络语言，那客服适当用一些网络语言可以拉近距离，促成交易；如果客户说话一丝不苟，那客服说话时同样需要谨慎一些。

（4）滥用表情。

文字沟通有时候会有点词不达意，添加一个相应的表情，往往会使沟通效果更好。但个别客服滥用表情，如发一些不友好的，甚至有些低俗的表情，或者只发表情，没有任何文字说明，这种情况就很容易让客户反感。

为什么这么多的客服不会说话？归根结底还是缺乏服务意识。服务无小事，任何一个细节都可能导致客户流失，想要提高转化率，客服要从学会说话做起。

26 懂"听"才能"说"得好，做客户的贴心人

因客服不会说话导致销售失败甚至售后投诉的实例比比皆是。很多客服觉得自己不会说话，想学会好好说话，但许多客服对"会说话"的认知有个小误区，觉得会说漂亮话就能成为一位让客户满意的客服。其实说话不是一个人的事，要一个人会说，一个人会听，有双向反馈的沟通才是有效的沟通。很多时候，部分客服忽略了听的环节，也就忽略了客户的感受，没有关注客户的需求，那说再多也不过是自说自话，说不到客户的心坎里。

倾听是一种态度，更是一种力量，听是需要学习的，听比说更加重要。如果没有明白客户想要传递的信息，那客服说的都将是没用的话。请你回想一下，你是否有过这样的经历：当你遇见一件很棘手的事情，想和朋友倾诉时，你朋友一直盯着手机，一会儿回个信息，一会儿接个电话，你即使再想倾诉也没心情和他讨论了，因为他没有认真地倾听。

只有让客户感觉到，客服在认真、用心且积极地响应他，客户才有继续交流的欲望。那客服应该从客户的话语中听到什么内容呢？

1. 客户的真实需求

客服有时候无法真正读懂客户需求，即使回答问题，也基本是在答非所问。

比如，客户纠结尺码，客服还引导客户看详情页，客户要是能通过详情页判断尺码，还来咨询客服干什么？来咨询客服，一般就代表客户拿不定主意，客服可以通过客户提供的身高体重数据进行推荐，也可以告诉客户试穿模特的尺码，让客户参考，还可以引导客户选择运费险，打消客户对售后服务的疑虑。

又比如，客户想选礼物送人，客服一直介绍商品的性价比，能说服客户吗？这个时候，客服如果从商品的包装、送礼的美好寓意等方面来介绍商品，会更容易打动客户，从而成功引导客户下单。

客户的需求有时候很明显，有时候需要客服用心体会。不管客户抱有物质需求还是精神需求，客户都会为自己的需求买单，客服无法弄清客户需求，自然也说不出客户爱听的话。

2. 客户的言外之意

不久前，我在动车上看见邻座的一位外国人在认真地学汉语，拿着卡片边读边练习笔画。这时候，我看见他手里的一张卡片上写着"方便"，我不禁想到这个词在不同语境下的多种含义。

我们在和客户沟通时，也会遇见喜欢含蓄表达需求的客户。比如，客户一上来就说"我是你们家老客户了"，客户只是在强调他是老客户这件事吗？当然不是，客户的潜台词是"对于老客户，店铺有没有额外的优惠"。如果我们还说"欢迎客户再次光临"，然后不提优惠的事，老客户能满意我们的服务吗？

又比如，客户强调退货太麻烦了，你觉得客户是真心想退货吗？当然不是，要是真的觉得商品无法使用，再麻烦客户也会退货，谁愿意花钱买用不上的东西？客户的真实需求是对商品不完全满意，又懒得退货，想要一些补偿。这是很容易解决的问题。此时，如果客服对客户说"我们来帮忙联系快递"，你觉得客户会为客服的"周到服务"鼓掌吗？

3. 客户需求的重点词

自动客服在回答买家问题的时候会采用划词技术，识别出关键词，店小蜜会根据关键词来回答对应的答案。图 26-1 中，两个问题问的都是挂墙架，但是一个问题的重点在挂墙架的安装上，另一个问题的重点在配送上，回复的内容自然不一样。

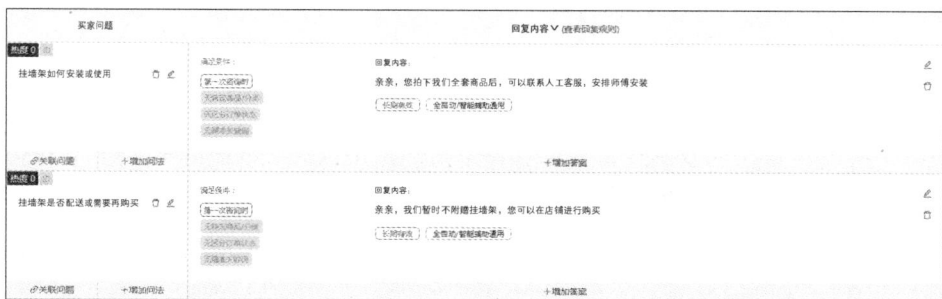

图 26-1

　　客服在沟通的过程中，要注意倾听客户的"画外音"，抓住客户需求的重点词。比如，客户对产品的偏好，对颜色的偏好，都会在和客服沟通的话语中体现出来。如果简单地按照字面意思理解，很容易和客户不在一个"频道"上。

　　试一试，从现在开始，静下心来，用心听听客户在说什么，抓住需求重点再回答客户的问题，这样会更加有针对性，更能说到客户心坎里。做一个"我懂你"的贴心客服。

读书读记

27 读懂客户，满足不同的服务需求，提高客户转化率

因为性格不同，客户对服务的需求也会有差别。假设有与《欢乐颂》中5位女性角色性格相同的客户前来咨询，客服需要提供怎样的服务呢？

首先来说说和安迪类似的强势型客户。接待这样的客户，首先态度要谦卑有礼；其次，回复商品问题时要专业，直接给客户答案；最后，销售节奏要快，这样的客户一般不喜欢太多的客套话。

【实例1】

客户: 发什么快递？

客服: 亲发到哪里？店铺默认申通快递。

客户: 那就发申通吧。

客服: 好的。

客户: 现在拍，今天就给我发货。

客服: 好的，我们会第一时间给您安排发货。

客户: 发货时包装得好一点。

客服: 亲，请放心，我们都是原厂包装，自用、送人都合适。

客户: 好，我相信你们。

客服: 不会让您失望的。

客户: 最迟12点拍，你今天给我发货。

客服: 好的，这边会帮您备注加急，当天发货。

客户: 那就没问题了。

客服: 好的，有问题可以随时咨询我们。

客户: 你去忙吧。

客服: 好的，亲。

实例中，客户直入主题，问快递和发货时间，问题和回复都简明扼要，

整个接待只用了几分钟。在提发货要求时，客户用了直截了当的命令口吻，沟通快结束时，说的也是"我相信你们""你去忙吧"。这是不是很像权威的家长对家里小朋友说话的口吻？是不是也像向领导汇报完工作，领导的结束语？客服在接待的过程中并没有因客户强势的语气而不悦，而是针对强势型客户的特点，非常形象地演绎了下属这个角色：发货时间就是领导下的任务，自己会努力完成；领导表达对自己的信任，自己就回答不会辜负。只要谦卑有礼、表现专业，就足以应对强势型客户。

再来说说和曲筱绡类似的挑剔型客户。接待这样的客户，客服无须慌张，要会用数据说话，替客户分析利弊，用有逻辑的严谨回复取得客户信任，打消客户的疑虑。

【实例2】

客户： 是正品吗？质量有保障吗？

客服： 亲亲，我们都是厂家直销，保证是正品，请放心购买。

客户： 好的。

客户： 我看评论里说价格比别家贵，你们家黑色的舞鞋卖得好，那金色的舞鞋再便宜点吧。

客服： 亲，两个颜色的舞鞋品质相同，黑色的舞鞋比较好搭衣服，所以购买的客户多一些。

客服： 亲，咱们这个热销款就是薄利多销赚口碑的，您看客户评价都是很好的。

客户： 是不是要选小一码？

客服： 亲，您真的很专业，舞鞋比平时的鞋子大一码，选小一码更合适。

客户： 闺女学跳舞好多年了，买过不少舞鞋。

客服： 那咱们这款专业的舞鞋您一定会满意的。

客户： 金色的舞鞋是什么材质，穿上舒服吗？

客服： 金色舞鞋的鞋面是 PU 的，容易清洗，鞋底是皮绒材质的，这些都是专业拉丁舞鞋常用的材料，穿上非常柔软舒适。

客户： 那给我检查好，不要有次品，上次在别人家买的质量不行。

客服： 您放心，仓库有专门的质检人员把关品质，会检查后再给您发货。

实例中，客户从品质到价格，不断地质疑，但是客服利用客户评价数据、商品材料的专业度来——回复客户，并且在恰当的时机称赞客户，赢得了挑剔型客户对商品的认可。

再来说说和邱莹莹类似的表现型客户。接待这样的客户，客服应给予一定的耐心和引导，再适当地称赞，如"你穿着会好看的""非常合适""选得有眼光"，这样将很容易获得客户的信任。而且客户收到货，若满意还会分享给朋友，免费帮店铺推广。

【实例3】

客户：好的，我平时也穿 L 码，模特有多高？我穿应该不会短吧。

客服：不会的，您和我们模特差不多高，穿上效果一定很好。

客户：嗯，那就好，我还蛮喜欢穿连衣裙的，嘻嘻。

客服：看得出来。

客户：平时喜欢黑色和白色的连衣裙，无意间发现你们家这款，很喜欢。

客服：亲真有眼光，这款是我们家的热销款，库存很紧张呢。

客服：这款连衣裙，您穿一定非常漂亮。

客户：我再看看详细说明，给我留一件，马上拍，穿着好看会再来。

客服：好的呢。

客户：这款连衣裙应搭配什么颜色的鞋子？

客服：搭配黑色和白色的鞋子都行，搭配亮色系鞋也可以。

客户：好的，正好家里有款白色的皮鞋，看模特也是搭配白鞋。

客服：是的，同色系搭配，非常协调。

客户：好的，我去拍了，早点发货。

客服：放心吧，这边帮您备注优先发货。

实例中，客服了解客户的个性特点后，赞美了客户的身材、眼光，表示客户穿上这件衣服一定漂亮，还和客户聊搭配心得，愿意花时间陪客户聊产品以外的事情。

再来说说和关雎尔类似的爱纠结的客户。在接待中，客服应扮演的角色就是这种客户的领导，替客户做决定，给客户鼓励和信心。

【实例4】

客户：想给妈妈买，不知道选多大码？

客服： 阿姨的身高体重是多少？

客户： 身高 162 厘米，体重 130 斤。

客服： 一般中老年女士都喜欢比较宽松的衣服，建议选择 XL 码；如果喜欢比较修身的衣服，那 L 码也可以。

客户： 会不会大了？

客服： 不用担心，我同事身材和阿姨差不多，试穿效果很好。

客户： 好的。

实例中，客服围绕客户纠结的尺寸，通过中老年女士喜欢宽松的穿衣风格以及同事的试穿效果来打消客户的纠结，让订单顺利成交。

最后来说说和樊胜美类似的复杂型的客户。

遇见这样的客户，客服需要更加灵活地处理，说话不要说满，不要干拍胸脯打包票的事。例如，推荐尺码的时候，不要确定地告知客户 M 码合适，万一客户比较胖呢？万一客户喜欢宽松风格呢？所以遇见这样的客户，客服应扮演危机公关人员的角色，说话留有余地，如"建议您穿 ×× 码，但是您最好还是根据您的穿衣喜好和平时的尺码来选择，如果不太确定，可以购买运费险，这样有退货保障"，以尽量把自身风险降到最低。

销售其实就是在和人性打交道，而对于人性，每个人都有自己的认知局限。客服读懂客户，满足不同的服务需求，是需要不断学习的。正如保险行业的这样一句话所说："客户没有问题，问题出在没有满足客户需求。"

28 投其所好，引发客户情感共鸣，提高销售转化率

投其所好，不是溜须拍马、阿谀奉承，而是知己知彼、有的放矢。投其所好是一门技术活，客服需要有非常敏锐的洞察力，能准确掌握客户的不同需求，要让客户感觉服务是如此贴心，客服推荐的商品正好是其迫切需要或者潜在需求的。

例如，比起价格，母婴类目的客户普遍更加关注商品的安全性，如材质是否适合自己的宝宝，是否经过国家认证。这个时候，如果客服没有投其所好，没有根据一些育婴的专业知识，让客户安心选购，而是宣传店铺活动、介绍商品尺码等，这样能打动客户吗？对客户而言，客服介绍的这些都没有商品的安全性重要，只有投其所好地先满足其最核心的安全需求，才有助于销售转化。

在销售场景中，很多时候，客服太关注商品本身的属性，而忽略了商品延伸的价值，懂得商品延伸知识的客服更容易打动客户的心。例如户外鱼竿类目，一个客服仅仅是熟悉鱼竿的各种零配件，另一个客服则能和客户畅聊钓鱼技巧——什么季节钓什么鱼，什么样的鱼用什么鱼饵，如何选择最佳垂钓地点等，那么哪个客服的成交概率更大呢？当然是第二个。这样投其所好地聊天，销售不过是水到渠成而已。

在销售场景中，也有客户关注其他需求。比如，一家家纺店铺的客户想选择商品送人，大家想想，这个客户的迫切需求是什么？是商品的包装。包装有格调，客户才拿得出手。哪怕是很小的一件礼物，只要有精美的包装，就能瞬间提升收礼物的人的幸福感。这个时候，客服应投其所好，关注客户送礼这个需求，告知客户店铺用的是品牌包装盒，附赠手提袋，可以替客户写卡片等。这个时候客服还会担心客户继续货比三家吗？客户很可能就直接下单了。

通过以上实例可以看出，不同类目的客户有不同的需求，甚至在同一店铺、购买同样商品的不同客户中，某些客户关注价格，某些客户关注品质，

某些客户只是被客服贴心的服务打动。具体哪些客户抱有哪种需求，没有一个可直接套用的模板，但是要尽可能满足每个客户，有一条思路可以借鉴——用心服务。客服应洞察客户真正的需求，满足客户的需求，因为客户都是在为自己的需求买单，无论是物质的，还是精神的。客服关注客户真正的需求，投其所好，正是提高销售转化率的关键。

读书读记

29 适当赞美，拉近距离，获取客户信任

很多客服在和客户沟通的过程中都是被动应答，一旦客户不提问题，客服就不知道该说什么来追单。不会主动追单的客服，很难提高转化率。下面就来看看会说话的客服如何通过赞美客户使业绩翻番。

从心理层面来说，每个人都期待获得身份认同，当我们表达对客户的赞美时，客户会感到被认可、被重视。赞美需要发自内心，客服应通过正面的语言来表达友好的意思，而不是一味献媚，否则客户会觉得太夸张了。那如何赞美客户，才能既不着痕迹，又让客户听着开心呢？通常有以下4种比较简单的方式。

1. 赞美客户昵称

客服可以用心观察客户的昵称，从中可以发现很多有趣的东西，也可以看出客户的喜好。例如，很多"90后"客户的昵称都很张扬、有个性。不少"80后"的客户很喜欢用"名字拼音+198×"作为昵称。有的客户爱文艺，昵称会比较有诗意，如"思华年"。有的客户会起和自己喜欢的演员或歌手等相关的昵称，如"时间煮雨"。还有的客户性格开朗、外向，会起一些有趣甚至搞笑的昵称，如"总有刁民想害朕"。客服可以通过客户的昵称来赞美客户，例如"亲的昵称好文艺呀，真好听"。类似的赞美之词，既不会显得非常刻意，又会让客户愿意和客服继续聊下去。

2. 赞美客户头像

客户头像可能是自拍照、演员照，或者卡通照等。对于头像是自拍照的客户，当然是直接赞美客户漂亮、有气质等。对于头像是演员照的客户，就可以夸该演员。当然，也有客户爱用小猫、小狗等小动物照片作为头像，这时可以夸照片上的小动物可爱，问这是不是客户的宠物，即使不是，客服也

可以表达"真想拥有一只这样的小宠物"的心愿。淘宝 App 现在是一个综合性的 App，一些客户会精心挑选自己的头像图片。精心挑选的头像图片被人注意到了，并且获得了赞美，客户会认为这是对自己眼光的一种认可。

3. 赞美客户所在地

大多数客户都会填写自己的所在地，有的可能填写自己的居住地，有的可能填写自己的工作地，等等。所在地是哪里并不重要，重要的是客服对这个地区的赞美，可以赞美人文，也可以赞美风景，还可以赞美美食。对于愿意和自己讨论自己所在地风土人情的客服，客户自然是愿意多聊两句的，也会对客服产生亲近感。有了感情基础，销售就会事半功倍。

4. 赞美客户看中的商品

这个赞美方式适合大多数类目的客服，如"亲眼光真好，这款是我们家热销的商品，很多老客户都会回购呢"。客户咨询某款商品时，一般不会觉得这样的赞美之词有问题，因为谁都不会主动承认自己眼光不行。环肥燕瘦，每个人的审美不一样，客户喜欢的自然就是最适合他们的。在沟通中，若双方看法一致，那么双方的很多其他想法也会不谋而合。大部分人都有这样的经历，当看上一件商品时，那一瞬间眼里基本都是商品的优点，而当别人认同自己的看法时，自己就会更快下单。

【实例1】

客服： 亲真是眼光独到呀，这款绿色的连衣裙真是漂亮，特别适合春天穿。

客户： 有色差吗？

客服： 亲，因为显示器不同，颜色会略微有些差别，图片颜色已经很接近实物颜色了，就是那种清新的抹茶绿。

客户： 好的，很喜欢图片的颜色。

客服： 亲很会选，今年绿色系是主打色系，非常流行。

客服： 您还可以看一下模特搭配的棉麻西装，早晚天凉，套个外套，好看又保暖。

客户： 看上去是不错，西装多少钱呀。

客服： 亲亲，咱们现在有满 300 元减 50 元的活动，一起购买正好可以使用 50 元的大额优惠券，非常划算呢。

客户: 把链接发我看看吧。

当然,赞美客户绝不仅局限于这里分享的 4 种场景。比如,做母婴类目的客服,可以赞美客户的孩子;做男装类目的客服,可以赞美客户的女朋友;做女装类目的客服,可以赞美客户的身材。

【实例2】

客服: 亲亲,欢迎光临 ×× 旗舰店,很高兴为您服务。

客户: 我想买这款哈利·波特的乐高。

客服: 您是买给自己孩子还是要送礼呀?

客户: 买给我儿子的生日礼物。

客服: 小朋友几岁了呀?

客户: 今年 10 周岁了。

客服: 亲眼光真不错,小朋友收到这个生日礼物一定开心。

客服: 这款比较适合 16 岁以上的孩子,难度有点高。

客户: 我家儿子从小喜欢玩乐高。

客服: 那真棒,玩乐高的小朋友的动手、动脑能力都很强。

客户: 是的,拼得比他爸爸还快呢。

客服: 你家儿子一定非常聪明呢,可以尝试挑战一下这款高难度的。

客户: 是的,有什么优惠吗?

客服: 亲亲,咱们这个是正品,全国统一价的,因为小朋友生日,这边额外帮您申请一份赠品。

客户: 好的,谢谢。

客服: 小朋友什么时候过生日?

客户: 这个周末。

客服: 那很快就到了,您这边下好单,我们会帮您安排优先发货的。

客户: 好的。

大家一起尝试从真心地赞美客户开始,改变自己和客户聊天的方式吧。

30 向顺丰快递员学习，打造高客单价的优质服务

电商和物流是服务中无法分割的整体。有段时间，我的朋友圈充满了青岛的顺丰快递员徒步送快递的信息，这大概就是顺丰价格高的原因——把服务做到了极致。由此，我想到我前段时间做的一家高端台灯店铺的客服内训，老板觉得询单转化率不高是因为商品单价高，而在实际诊断中，我发现，高客单价商品的询单概率更高，客服提供服务的机会更多，但服务却没有升级，流程和低客单价商品的服务流程差不多，服务细节不到位，这才是影响高客单价商品成交的关键因素。所以在做内训时，我会通过很多场景实例，教客服如何打造优致服务体验。将任何一件事做到极致，都是一门艺术，服务也不例外。

随着消费升级，越来越多的高客单价商品进入客户的视野。客户购买千元商品时的心理和购买几十元的商品时的心理肯定不一样，如果店铺页面做得很高档、大气，但是客服提供的还是一问一答式的机械服务，这难免会让客户对商品的期待值大打折扣。如果你的店铺就在销售高客单价商品，希望本部分分享的内容对你的销售有所帮助。

其实这里用"销售"不太准确，因为销售只是负责把商品卖出去，而高客单价店铺的客服，更多时候应将自己定位为营销角色，即"经营＋销售"，需要先和客户经营一段关系，顺便把产品销售出去。客服首先要了解客户，知道客户的偏好和购买力，然后才能尽快和客户建立关系。

所以在这家店铺展开客服内训的过程中，我没有按照惯例讨论服务流程或者传授技能，而是先让客服对自己店铺的客户进行全面的了解。限于篇幅，这里只简单举两个例子，大家可以参考自己店铺的数据，举一反三。任何数据都只有经过提炼和分析，才能变为对我们有价值的信息。

在客户运营中心的客服分析里，可以查看成交客户的年龄分布：30～40岁的客户占据了近70%的比例，也就是说，"80后"是主要消费群体；如果

加上 40～50 岁的客户，那占比就超过了 90%。

这个年龄段的人在生活中扮演着一个非常重要的角色：家长。他们的孩子基本处于小学到高中阶段，正是学业负担重、急需保护视力的时期。焦虑的客户不愿意让孩子输在起跑线，认为自己家孩子值得拥有最好的东西。如果你的商品能保护孩子的视力，并且能缓解客户的焦虑情绪，那价格还是关键问题吗？

从访客折扣敏感度分析中也可以看出，超过 70% 的客户的折扣敏感度并不是太高，换句简单的话表达就是，客户具备一定的经济实力，不会刻意等到促销时才下单。随着经济发展，我国人民的消费水平逐渐提高，除了性价比，部分客户更加关注品质和购物体验。如果店铺的服务能做到极致，让客户有不一样的感受，了解购买商品的附加值，转化率一定会有所提高。

面对高客单价客户，在销售过程中，客服还要让客户感知到产品的价值，而不仅仅是价格的高低。良好的购物体验、附加的服务都会成为价值的一部分。例如，客户说自己的插座与台灯插头不匹配，那客服可以单独给客户推荐一款同一品牌的插线板，满足客户的使用需求；客户在安装台灯的过程中遇到了一些麻烦，客服不仅要远程全程指导安装，过后还需主动联系，了解安装结果和使用效果，这样的客服行为会大大提升客户的体验。这些行为如果转化成优质的买家秀和客户评价，会让其他客户从单纯认同商品的功能，延伸为认同服务体验。现在，越来越多的人愿意为服务买单。

对于高客单价商品，客服遇到过的最多的问题就是："为什么这么贵？"贵永远是一个相对概念，每个人都有一个心理账户，相同的钱花在不同的地方，人们的感觉是不同的。例如，购买一盏台灯，一千多元，客户可能会觉得贵；但是如果是购买一份健康，关系到孩子的未来，客户就不会觉得贵。这也是为什么学区房那么贵、补习费用那么高的原因，这都是父母在投资孩子的未来。

价格只是感知的一个方面，另一个方面是商品的功能。从表面看，高客单价商品具备的功能，普通商品可能也具备，那如何让客户觉得高客单价商品才是他真正需要的呢？

在推荐台灯款式的时候，客服可以咨询客户家的写字台款式，针对不同的写字台推荐不同款式的台灯，让客户感觉这盏台灯就是为自己家孩子量身定做的。在介绍功能的时候，客服应了解客户孩子的年龄，针对不同年龄段孩子对台灯不同的功能需求进行讲解。若孩子是小学生，客户会更关注孩子的好习惯，如坐姿，那么人体工学设计就会吸引客户，同时无紫外线这一特点对幼小的孩子而言也十分重要。若孩子是高中生，课业压力更大，学习时间更长，可能更需要具有护眼技术或无频闪的台灯，以缓解长期用眼的视疲劳问题。

在此基础上，客服还可以挖掘客户更深层的精神需求。在和客户交流的过程中，赞美客户细致、专业、呵护孩子，都能极大地满足客户对自己角色的自豪感。同样，前面提到现在的家长非常焦虑，担心孩子输在起跑线上，如果一台陪伴孩子学习的台灯能保护孩子的视力，解决视疲劳引起的注意力不集中等问题，也能使客户得到极大的精神满足。

如果客户单纯追求物质需求的满足，那一定会选择物美价廉的商品，选择高客单价商品就代表客户还有很多精神层面的需求，如获得快乐、摆脱恐惧、缓解焦虑。不管是哪种需求，客服都需要通过服务沟通来了解，以满足客户不同的需求。

对于高客单价商品，客户的决策速度也许没有那么快，即使客服等待得比较久，也完全不用气馁。客户需要思考，确认自己并不是冲动消费，并且家庭日常的支出能力可以负担。所以对于高客单价商品，如果客服已经做了追单工作，但客户还在犹豫，不要表现得太急于成交，盲目反复催促客户下单，这样反而容易吓跑客户。在接待的过程中，客服应让客户感觉自己购买的不仅是台灯，还有护眼科普知识、学习一段时间后如何调节放松的知识，以及高品质商品的购物体验，即使不买也不会受到冷眼。

客户一旦了解了好商品，即使不马上拥有，也会将其放入购物车。客服要做的就是长期经营彼此的关系，如加好友或者邀请客户添加客服服务号，花更多的时间提供潜移默化的服务，在有活动的时候提醒客户参与。

【实例】

客服： 亲亲，上次您咨询的护眼台灯近期有活动，需要了解下吗？

客户： 什么活动呀？

客服： 开学季可以领取 100 元的大额优惠券，而且前 100 名购买的客户还有额外的小礼品。

客服： 现在小朋友作业量大，选择一台质量过关的护眼台灯很重要。

客户： 嗯，朋友推荐过你们家的台灯。

客服： 是的，很多客户购买的时候都对价格有点疑虑，但是购买后的反馈都是"棒棒的"。

客服： 店铺的护眼台灯有长达 6 年的超长质保期，平摊到每一年，花的钱其实和普通台灯差不多。孩子的眼睛要从小保护呢。

客户： 使用时有什么需要注意的吗？

客服： 这款护眼台灯有 3 种模式可以切换，默认为阅读模式，如果需要调整为其他模式，可以咨询客服或者查看说明书的详细介绍。

根据数据统计，高客单价商品在电商市场上的占比将逐渐趋于稳定，面对这样的消费升级，如果客服服务不能做到极致，不能满足客户需求，将只能看着别人占领市场。

读书读记

31 向空中乘务员学服务细节，提升客户购物体验

空姐（本书所说的"空姐"泛指女空中乘务员）常常是美丽的代名词，我发现空姐的美丽更多来自她们的职业素养、得体的仪态和服务的细节，其中很多的服务细节非常值得客服学习和借鉴。下面分享了几个小故事，让我们从中体会并学习空姐的服务细节。

1. 服务的流程

实际上空姐的工作和客服的工作类似，空姐每天服务不同的乘客，一直重复着同样的工作流程，但她们始终以饱满的热情竭诚服务。

登机和下机时，空姐用微笑迎送每一位乘客，并没有因重复太多次就变得麻木，反而持续用温暖的笑容、亲切的语调拉近与乘客的距离。相信很多人对空姐的第一感受，就是很亲切。客服可以想想自己对客户的第一声问候是否饱含着热情，是否能第一时间消除客户的防备心，进而与客户顺畅地沟通。

狭窄的机舱总是让人有莫名的焦躁感，人们接踵而至，人群中总有些乘客试图让别人快一点儿登机或下机，而空姐会第一时间发现问题，进行适时的引导和协调，确保让所有乘客尽快安全落座或下机。客服也经常同时接待很多客户，客服可以回想一下，当客户催促时，自己是否也莫名地焦虑起来，一段段地抛出快捷话术，不关注客户的真正需求，顾此失彼，导致部分客户的购物体验直线下降。

2. 服务的反转

相信每位客服都很头疼售后问题，客户经常来势汹汹，客服不与其讲道理还好，一讲道理，客户反而更气愤，觉得客服在掩饰错误，想推卸责任。很多客服都因无法承受售后压力而转岗、转行。

我曾在飞机上遇到这样一件事。当时飞机广播播报了一段关于气流的预

告，乘客 Y 称听不清，于是把空姐喊来，要求再播报一次。空姐按照乘客 Y 的要求又播报了一次，然后主动走到乘客 Y 的座位旁询问："先生，这次广播您可以听清楚吗？"

请注意，空姐是主动来的。很多客服在处理售后问题之后并不向客户反馈。例如补发货物，不告诉客户单号，等客户问了才告知；又如，遇到查询物流状态、对物流速度不满的客户，不主动跟进物流状态，也不主动反馈，这易导致客户最后评价时，把物流时效性差的原因完全归结到店铺身上。

事情到这里并没有结束。乘客 Y 要求再播报一次，播报后，空姐问其是否能听清楚，乘客 Y 说因为他第一次没听清楚，需要多播报几次作为惩罚。看到这里，你是不是觉得很气愤？但空姐还是保持着微笑，说"先生稍等"，然后问乘客 Y 前后座位的乘客，是否可以听清楚广播内容，大家都说可以。于是空姐对乘客 Y 说："为了避免广播打扰其他乘客，我向您口述广播的详细内容，您看这样可以吗？"乘客 Y 一下愣住了，说："算了，下次注意点。"

我认为乘客 Y 已经不再不满了，但在派餐之前，空姐还是主动拿出湿巾帮乘客 Y 把小桌板仔细擦了一遍。乘客 Y 再也不好意思继续生气，主动笑着向空姐说了声谢谢，还对旁边的乘客说："这个航空公司的服务真不错！"

如果客服也能对来处理售后问题的客户如此耐心和细心，相信会有更多的售后反转机会，真心服务终究可以换来相互理解。

3. 服务的延展

在一次客服培训中，我做了一个在乘坐飞机的过程中是否会买东西的小调查。大家异口同声地回复"不会买"。大家也可以试着问问周边的人是否会在飞机上买东西。多数人会回答不会买。可是多数人的答案不一定是正确答案。我每次乘坐首都航空的航班，都会看到有乘客在浏览空中商城，甚至购物。

为什么会有乘客在飞机上买东西？乘客刚刚吃完饭，需要消化，不会立刻睡觉，这段时间算是一个销售的恰当时机，因为人闲的时候很容易消费。而且购物有羊群效应。比如，小飞机模型的销售对象主要是有孩子的乘客，现在每个航班都有不少的孩子，只要一个孩子买了，其他孩子必然会心动，让家长给自己买，家长为了阻止孩子哭闹，一般都会买。

这打破了我们固有的认知模式——没人会在短短几小时的飞行途中买东西。

同样，一些客服也认为只要做好商品的介绍和推荐就可以了，至于做不做关联销售，差别不大，毕竟考核时主要看转化率。很多客服也反馈，即使做关联销售，客户也不会理会，基本没人会买。的确，如果你向 10 个客户推荐，可能一个客户都不会买；但是如果你向 20 个、30 个、50 个客户推荐，可能就会有一个甚至几个客户下单。

客服是专业的销售人员，首先要控制好推荐的商品占比，其次得确定最佳的关联销售时机。若客户一个商品都还没选好，客服就推荐另一个，客户肯定会拒绝。最后就是把握好客户的需求。向老年夫妻推荐小飞机模型，他们会要吗？一个专业的销售人员，不应计较短线的利益得失，而应不断地训练自己，让关联销售成为一个必要的服务环节，持之以恒。这样销售额自然会高，销售额高就意味着提成高，提成高就意味着收入高。

空姐的服务细节，客服也同样可以做到，客服应保持着接待的热情，让每位客户都有良好的购物体验。客服在处理售后问题的时候，首先要考虑的不应该是自己是否委屈、客户是否讲理，而是要想到如何通过自己更加耐心周到的服务，化解客户的不满，让客户重拾对店铺的信任。客服在销售过程中，不要自己预设障碍，不要一直想着关联销售成功的概率很小，先努力去做，持续去做，最后结果会告诉你做永远比想更重要。

32 找准客户纠结根源，
对症下药，促成客户下单

　　每位客服都遇见过特别纠结的客户，他们从颜色到尺码、从款式到配置、从价格到品质，反复琢磨，很难第一时间做出下单的决定。这种特别爱纠结的客户，下单所用的时间短则几小时，长则几天。关键是客服花了很长的时间服务，客户流失率却特别高。爱纠结的客户到底是不是店铺的目标客户？对于爱纠结的客户，如何让他们快速做出下单决定？

1. 纠结的原因

　　想让纠结的客户快速做出下单的决定，客服首先要了解客户为什么纠结。只有找到客户纠结的根源，才能帮客户做决定。

　　（1）"物质爆炸"。

　　在信息爆炸的时代，我们不知道该相信哪条信息。在"物质爆炸"的今天，客户同样不知道该选择哪个品牌，或者这个品牌的哪件商品。客户越来越难维护了，因为总有更好的东西吸引他们。客服要通过专业说明让客户认同这家店铺的商品最适合他。

　　（2）思维冲突。

　　在购物的时候，客户总是处于理性思考和感性冲动的斗争中，理性思考促使客户分析为什么要买这个东西，小家电使用频率高不高，食品是否安全健康；而感性冲动则让人有"这个看上去好好吃""感觉饿了""那个看上去优惠力度真大，错过可惜了"的想法。客服要善于利用场景营销的策略来刺激客户的感性，让客户产生购买冲动。

　　（3）规避风险。

　　选择意味着责任和风险，所以很多时候，面对难以抉择的局面，人们出于规避风险的心理，干脆不选择，直接放弃。客服可以帮客户对比不同产品的优势和不足，提供良好的售后保障服务，让客户的选择风险可控。

出于以上几个原因，有的客户在购物时会纠结一番，但大多数客服误以为爱纠结的客户购买意愿不强，也就不是自己争取的目标客户，于是会选择一条简单的路——放弃爱纠结的客户，把这些客户都赶到别的更愿意提供贴心服务的店铺。

2. 帮客户做决定

其实纠结和购买目标并不冲突，因为如果真的不想买，直接放弃就行，反而不会纠结。面对非常想买，但同时也非常纠结的客户，客服的服务需要调整到合适的频道，毕竟在保证转化率的同时，还要关注单位时间附加值，也就是同一单位时间内成交的订单。下面和大家分享一些具体的应对策略。

首先，对于特别纠结的客户，我们要控制服务时间，不能在没有对策的情况下打持久战，否则，不仅时间拖长了，而且客户购物的欲望还是会减退，更不容易成交。在关键的时刻，客服应及时地引导客户下单。比如，帮助客户挑选合适的商品时，最好让客户做二选一的简单选择，客户选好后，基本就会直接下单了。

其次，比较纠结的客户往往有不自信的一面，不相信自己的决定是对的，客服要关注客户的表达，给予肯定、正面的答复，如"你的想法是对的""你的选择是合适的"。受到认可的客户也容易快速做出购买决定。

再次，对于容易纠结的客户，千万不要超前服务，如果这件商品买不买还没决定，就急于推荐另一件，那客户又要纠结了：一起买有折扣吗？另一件会不会更好？要不要再看看？建议客服有条不紊地帮客户做好当前的决策，让客户关注眼前的商品，引导其完成下单。

最后，对于长时间纠结的客户，客服可以转换角色，让自己变为一位有影响力的权威人士，不和客户纠结太多的细节问题，而是直接告诉客户，这个商品最适合他。因为做选择题，有时候对于客户来说真的太痛苦了，我们帮其做决定，反而会获得其认可。

想让纠结的客户提高下单效率，客服先要对客户纠结的原因进行分析：是商品太多看花了眼，理智在控制购买欲望，还是在担心购买后的风险。了解客户的纠结心理后，客服就能有针对性地化解客户的内心冲突，满足客户的真正需求。

【实例】

客户: 你好,我胸围 92 厘米,您家这件假两件的雪纺衫的哪个码适合我?

客服: 亲亲,这件衣服您穿 L 码会比较合适,但是目前只剩下 M 码了。

客户: 我 114 斤,有点胖,M 码穿不了。

客服: 亲亲,您哪里胖呀,L 码卖得比较多,是因为它适合大多数人的身材。

客服: 这款也是卖得很好的,您喜欢吗?

客户: 这款袖子好像有点短,也有点透。

客服: 那您想要什么样的风格?我再帮您推荐几款。

客户: 想搭配你们家的长裙,但是不要太透的。

客服: 这件水墨印花的呢?不是很透,袖子也够长。

客户: 没有穿过这种风格的衣服,不知道合适不。

客服: 亲亲,这款面料很舒服,垂感好,很显瘦,板型也比较宽松,非常遮肉。

客服: 咱们买新衣服就是希望看见更好的自己,不同风格的衣服都可以尝试尝试!

客户: 好的,那就选这件吧。

上述实例中的客户纠结的关键是对自己,或者说是对自己的身材不自信,衣服太透了不敢穿,袖子太短了不敢穿,衣服有点花色怕穿起来太有挑战性。客服了解客户心理后,安抚客户说她的身材和大多数人差不多,并不是很胖,而且就算有点微胖,这款衣服的设计和材质也可以很好地修饰身材,最后鼓励客户勇敢尝试不同风格的衣服,打动客户,最终完成下单。

客服可以在服务的过程中给予客户积极的引导和正面的反馈,客户一旦对客服产生信赖感,成交效率会大大提高。

鹿人说

第 4 篇
客服管理技能篇

33 用数据说话，做到客服绩效考核有理有据

一名合格的客服主管的核心工作是提升团队的客服数据。想要提升团队的客服数据，主管需要对数据的定义、计算、各项数据的影响因素以及提升方法都了然于心。目前，数据统计工作都是通过绩效软件来完成的，但是主管应从数据波动中分析出客服的问题。因篇幅有限，这里以询单转化率为例来做分析，对于其他数据，主管可以举一反三。

1. 询单转化率的取值

在店铺客服的绩效考核中，要查看询单转化率，可在软件中选择"询单"→"最终付款成功率"，要注意，这里统计的是 2 天前的数据。虽然绩效软件已计算好了要用到的数据，但是想要提升团队的客服数据，还必须知道计算数据的具体方法，这样才能了解哪些因素影响了询单转化率。

2. 询单转化率的计算

最终付款成功率=最终付款人数÷询单人数

最终付款人数也就是订单数，这个统计起来比较简单。但是围绕询单人数，一直存在不少争议，经常有客服提出疑虑："店铺的咨询人数、接待人数、询单人数为什么差那么多，到底以哪个为准？"（见图 33-1）

要知道这 3 个数据存在差距的原因，就要对这 3 个数据的计算有全面的了解。为了方便大家计算，这里从询单人数讲起。

询单人数是指所选时间内，某客服接待的询单客户数（询单客户指下单前来咨询的客户）。

询单人数，也就是最终付款成功率公式中的分母，这个数据是过滤售后接待等其他数据后得到的。询单客户包含了主动咨询的客户和客服主动接待的客户。

哪些因素会影响询单人数，从而影响最终付款成功率呢？

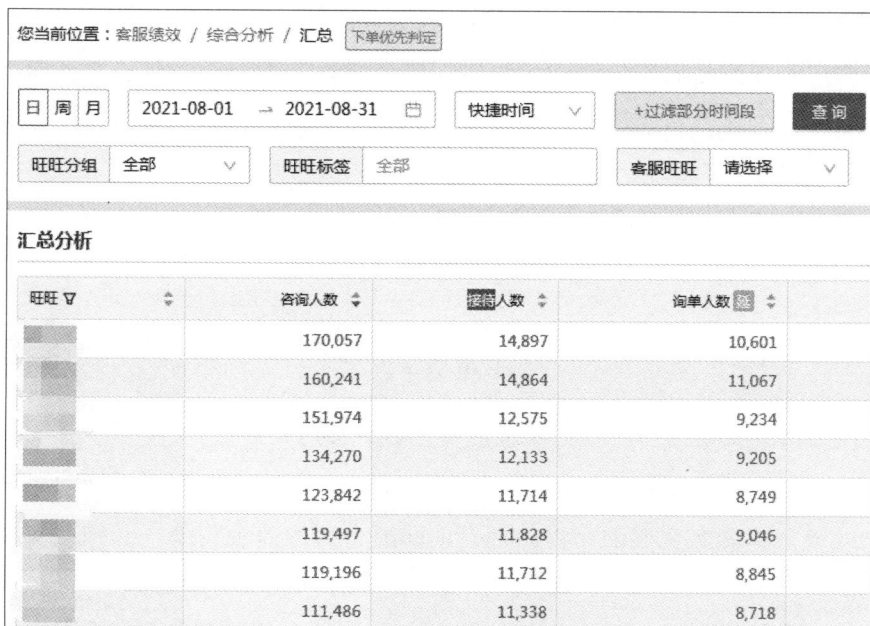

图 33-1

（1）客服主动联系客户会不会影响询单人数？

客服主动联系客户进行服务，如果服务后客户未下单，不会计入询单流失；如果客户成功下单，则计入客服业绩。想要鼓励客服积极主动地联系客户，店铺可开启图 33-2 所示的设置。

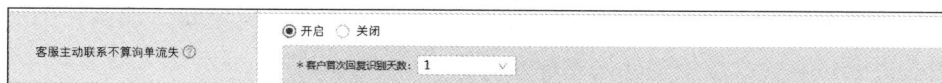

图 33-2

（2）第二天追单会不会影响询单人数的数据？

有些店铺发现，追单积极的客服的询单转化率反而低，这往往是因为图 33-3 所示的设置没有开启，客户咨询当天没有下单，客服第二天再追单会增加询单人数。将设置开启，则不会重复计算询单人数，这样能大大提高客服追单的积极性。

图 33-3

（3）店铺不分售前和售后，会影响客服的询单人数吗？

客户购买商品后又来咨询，若咨询后没有再次下单，则将这次咨询计入售后服务；若客户再次下单，则将其计入询单人数。根据系统设置，售后客户人数包含在接待人数中，而不包含于询单人数，所以不会影响客服的询单转化率。店铺可设置售后天数，如图33-4所示。

售后天数 ⑦	21天 ⌄

图 33-4

（4）两个客服前后接待，订单最终算哪个客服的业绩？

对此，店铺系统可以进行以下几种设置。下单判定，即哪个客服落实下单，业绩就算哪个客服的。付款判定，即哪个客服落实付款，业绩就算哪个客服的。一般店铺会设置下单判定，这样，成功对没有付款的订单（也就是俗称的"静默订单"）进行追单也会被计入客服的业绩，由此可以激发客服追单的积极性。

接待人数是指所选时间内，某客服接待的客户数（不包括接待过滤客户）。

接待人数是客服每天实际工作量的参考依据，包括售前客户人数和售后客户人数，还有静默订单落实后来咨询的客户人数。

有时候商家会疑惑：自己店铺的询单人数不足100人，客服为什么会觉得累？这种想法其实忽略了接待人数。如果店铺不能及时发货，那每天来催发货的客户会给客服增加不少工作量。

咨询人数=接待人数+接待过滤人数

咨询人数一般都比较多，因为包含了接待过滤人数。例如，如果店铺开通了自动核对、广告消息、单口相声等功能，但由于没有设置过滤功能，这些人数都会被计算到咨询人数里。

现在大家都清楚这3个概念的含义了吗？如果还不太理解，可以多看几遍。

在询单人数固定的情况下，想得到较高的最终付款成功率，最简单、直接的方式就是让成交订单变多。

34 客服主管要认清自己的角色和定位，落实店铺管理工作

某天一位商家咨询我："老师，咱们培训以后，客服数据可以提高多少？"我本想直接告诉商家，内训后，根据不同类目，客服询单转化率一般能提升 5% ～ 10%，但话到嘴边我却换了答案，告诉他："老师只能起一半作用，如果你们店铺有位得力的客服主管，那数据会持续提升。"

我做过很多场店铺客服内训，培训后 1 ～ 2 周的数据提升是非常明显的，客服通过学习，梳理规范的工作流程，掌握基本的销售技能，从不会做到会做，转化能力会明显提升，可惜好景不长。一个月后，如果跟进和回访店铺情况，会发现很多店铺的客服数据逐渐回落到培训之前的水平。按理说，随着客服工作经验的积累，数据应该更好，可是实际情况却不乐观。因此，店铺逐渐对培训失去了信心，觉得培训没什么用，请不到好员工，教什么都没用。然而，我不这么认为。十几年来，我接触了成千上万的客服，切身感受就是每个客服都是潜力股，如何将潜力股变成绩优股，关键在于店铺管理。

让客服从不会做到会做，是培训可以做到的，但是让客服从会做到愿意做，这需要客服有执行力，而执行力需要和绩效管理挂钩。谁来督促客服执行这些服务流程？这就需要一位优秀的客服主管挑起大梁。

每次内训之前，我都会向店铺说明，需要培养一位得力的客服主管，让其培训后和我积极联系并向我反馈。培训只能解决从不会做到会做的问题，而让客服从会做到做好，并且持续做好，就需要客服主管发力了。只有将两者结合，才能打造出一个优秀的客服团队。

每个企业的关键岗位应满足 3 个标准，这些标准也适用于客服主管：①工作的独特性；②职位的不可替代性；③工作成果的标志性。

1. 工作的独特性

销售人员销售时的关键是洞察不同客户的需求，第一时间给客户反馈，

解决客户的问题。运营人员也懂客户需求，但是更关注行业趋势、人群画像。老板也懂客户需求，但是更注重大局。

专业的事交给专业的人，客服主管应在工作中不断地学习、积累销售方面的知识，形成一套独特的解决问题的方法。客服主管每天必须做的第一件事是订单分析，分析成交的订单是否有关联销售的机会，流失的订单是否有转化的可能。特别是流失订单，客服主管应分析导致客户流失的原因，给出解决方案，客服如果用客服主管的方案直接追回了客户，或者下次快速地解决了类似问题，就会愿意听主管的意见了。一旦对客服主管产生信任，以后的工作任务，客服会更好地执行。转化率高意味着提成高，谁会和工资过不去？客服主管给出有建设性的方案，比直接对客服说"你的转化率不行，要达到××指标"更有效果。

2. 职位的不可替代性

很多店铺订购了绩效软件，但基本都是摆设。我和店铺老板沟通时，问到客服工作时间、接待量、答问比等数据，老板都会反问在哪里查看。查看与分析客服数据，是客服主管每天必须做的第二件事。

客服主管应查看客服核心的考核数据，如响应时间和答问比，是否达到标准，如果没有达到，应分析原因是什么。如果是因为客服服务意识不足，知道却不执行，那就需要动用绩效奖惩制度；如果是因为店铺接待量太大，客服难以胜任，那就要从科学排班和人员配比着手。

数据波动由多种不同的因素导致，客服主管的核心任务是带领团队达成数据目标，而如何达成数据目标、短板在哪里，都是需要通过数据分析来找到答案的。客服团队数据的稳定直接影响销售额和服务质量评分，是店铺发展的根本。

3. 工作成果的标志性

数据也好，聊天质检也罢，每天检查、修正和督促，是客服主管必须做的工作。随着店铺的发展，可能会有新客服加入，该如何培训；有些客服总在同样的地方犯错，该如何处罚；随着团队人员增多，如何调动大家的工作积极性，如何促成售前、售后及其他岗位的工作配合等——这些都是客服主管在日常工作中要考虑的内容。

在一些公开课课后，我经常收到店铺客服的留言，说"老师，能否跟着你系统学习客服知识"，反馈自己所在的店铺没有在客服上岗前系统培训过客服，只是简单地给了一些资料，让客服自学，客服根本不知道哪些交易行为是违规的。客服主管需要思考和设计属于自己店铺的培训体系。上岗前针对平台规则和基础的软件操作进行培训，上岗后针对服务流程的优化及售后服务的处理，进行专业的技能培训。可以从最简单的知识点开始，逐渐建立符合自己店铺类目特点的成熟的培训体系，如表34-1所示。

表 34-1

岗前			
岗位	岗位规范	网络安全	千牛使用
规则	严重违规	一般违规	支付问题
手册	产品手册	店铺手册	话术手册
售前			
软件	手机淘宝	ERP（企业资源计划）	赤兔数据
接待	沟通原则	迎接问候	商品咨询
咨询	议价	关联	追单
议价	核对	告别	话术整理原则
售后			
售后	售后原则	售后心态	售后数据
售后	售后案例（缺货）	售后案例（查单查件）	售后案例（退换货）
售后	售后案例（投诉维权）	评价维护（中差评处理）	会员关系管理

除了前面提到的奖惩和激励制度，店铺还要有可执行的绩效考核方案（见表34-2），而制定绩效考核方案最合适的人选还是客服主管。客服主管最了解店铺客服的能力，最理解类目的行业数据，在纵向和横向对比后，能制定一个科学的绩效目标。绩效目标合理才能投入执行，太容易达到的绩效目标和永远达不到的绩效目标都形同虚设，而合理的绩效目标就如同那种踮踮脚才够得着的果子。

完成店铺培训体系的搭建和制定符合店铺特点的绩效考核方案，能有效地提升客服团队成绩，也是客服主管一个重要的工作成果。

客服主管这一岗位具备了上述关键岗位的3个特点，属于店铺的关键岗位，更是必不可少的岗位。店铺客服数据靠运气、波动大、提升难及人员流失多等各种问题，也许正是由于店铺缺少了一位得力的客服主管。

表 34-2

月份	考核指标		分数	权重	考核标准及计算方法	目标数据	实际完成数据	提成/元	本月得分	被考评者签字	备注
××客服考核指标	人事指标	考勤	5	5%	当月无请假、无迟到（漏打卡2次以内），得5分；当月事假或迟到天数多于加班假，得0分	5分					
	得分指标	询单转化率	40	40%	45%（不含）以上，询单转化率为每增加5%，绩效得分在40分的基础上增加5分，比如转化率55%，则该项指标得分为50分，以此类推，没有上限；40%（不含）～45%（含），得40分；35%（不含）～40%（含），得30分；30%（含）以下，得0分	40%～45%					
		问答比	10	10%	200%（含）以上，得10分；200%（不含）以下，得0分	200%					
		平均响应时效	20	20%	10秒（不含）以下，得15分；10（含）～20（不含）秒，得20分；20（含）～30（不含）秒，得10分；30（含）以上，得0分	10～20秒					
		3分钟回复率	20	20%	100%，得20分；99%（含）～100%（不含），得15分；96%（含）～99%（不含），得10分；96%（不含）以下，得0分	100%					
		服务态度维权投诉	5	5%	本月无任何由客服态度、服务、行为过失等导致的维权投诉或差评，为5分；由客服态度、服务、行为过失等导致维权投诉，投诉一次为0分；由客服态度、服务、行为过失等导致的差评，一个差评扣1分	5分					
	提成指标	客服销售额			按该客服本月在天猫旗舰店、京东旗舰店、京东专营店、拼多多旗舰店4家店铺的销售额总和，以6‰的比例提成。得分＝该客服本月销售额总和×0.006＝本月总提成（提成无封顶）	无					
合计										考评者签字	

35 做好新客服入职培训，
助力其快速上岗出业绩

我每次培训后，都会有学员要求分享 PPT，也有熟悉的商家找我要一些培训课件。大家已经意识到了客服专业度培训的重要性，但是对于如何培训，大家还是有点无从下手，而且单靠几个 PPT 和培训课件，也无法培养出一名优秀的客服。要想让团队中的每名客服都能在原有的基础上提升服务水平，需要客服团队有系统性的培训方案。

客服岗位属于流动性比较大的岗位，而且随着店铺发展，补充客服属于正常现象。对于店铺的新人，大多数店铺采取的是老带新的方法，让新客服坐在老客服旁边，进行几天的观察学习，然后再上岗实操。然而，对于接待量太小的店铺，这样的学习模式无法使新客服充分了解工作全貌；对于接待量太大的店铺，老客服回复的速度较快，新客服压根看不清楚问题。此外，很多时候，会做不代表会教，老客服有工作经验，但是不代表他能提炼出重点，并有条理地教给新客服。所以由客服团队的专业培训师提供的上岗前和上岗后的专业岗位培训是必不可少的，大多数店铺是由客服主管来担任专业培训师这个角色的。

每到类目旺季或者平台大型活动期间，怎么给团队的新客服以及临时客服进行系统的培训呢？团队的专业培训师都有这种烦恼。下文将讲解客服培训的关键模块，每家店铺可以针对自己的情况打造专属于自己店铺的培训体系。

1. 心理建设

对于招聘的新人，很多店铺想的是让其尽快上岗，一开始就教他们千牛的使用方法、淘宝的后台操作等。这些当然要教，但是这些无法帮店铺培养出合适的岗位人才。

在做客服培训之前，应先让大家自己测评工作的难易度以及自身的胜任程度。大多数新客服都会说没问题，觉得老师说的东西都好简单。客户服务在他们心目中就是和客户聊聊天。可是会做和做好有着天壤之别。

新客服首先要做的就是岗位心理建设：工作中可能需要承受哪些压力，是否可以应对；工作中可能会遇到哪些困难，是否可以坚持；工作中可能会遇到哪些问题，是否愿意学习。对于每个问题，客服主管都可以设置一些具体的场景，让新客服自由发挥，看看他们的解决方案。

不用担心这种培训强度会把新人吓跑了，根据我的培训经验，大部分新客服都很有想法，更有个性，他们可以承受住这种压力。

看清自己的优势和不足是非常重要的，新客服要认识到自己不是无所不能的，要保持认真学习的态度。

对在这个环节放弃的新客服，不用可惜，而应感到庆幸，因为即使让其上岗，客服主管也会变为保姆型的管理人员，需要解决其各种情绪问题。对于选择继续坚持的人员，再来说说以下几个方面。

（1）团队纪律，每个人在团队中的重要作用。

（2）服务意识，服务岗位对店铺的重要性。

（3）岗位职责，客服具体要负责的工作范围。

（4）绩效考核，做得好与做得差的差距在哪里。

一个人只有认同自己工作岗位的价值，才会用心工作，工作时不混时间。如果在应聘时心里想的是先找个工作试试看，做得好就做，做不好再换，那他每天8小时的工作态度基本就是得过且过。

通过心理建设测评的人不会在该准备的时候吊儿郎当，该负责的时候临阵脱逃，该竞争的时候选择低调。

2. 岗位学习

接下来就是客服岗位的基础培训了，服务方向不同，其培训方式是有所区别的。

（1）平台规则。

（2）淘宝后台的操作。

（3）千牛软件的应用。

（4）商品知识。

（5）店铺工作流程。

对平台规则的学习就是死记硬背，背诵规则条款，背诵常见场景及应对方案，然后考核，让还没上岗的每名客服形成敏感的触发点，只要遇见规则关键词，就条件反射地警惕起来。新客服容易导致店铺违规。对平台规则的学习没有任何捷径，千万不要抱有侥幸心理。

对淘宝后台和千牛软件的学习，关键在于实操应用。学习工具不能纸上谈兵，培训的时候应直接实操，否则老师一个人激动地说半天，等上岗分配账户登录后，新客服仍然可能会手忙脚乱、忘记操作。

学习商品知识和店铺工作流程最好的方式是自我学习，如让大家自己整理产品手册和店铺工作常见知识点，这样才会让人印象深刻。还可以让新客服站在客户的角度，整理出一个产品需求手册，这样回答客户的问题会更有针对性。

背诵、实操、整理是 3 个不同形式的学习方法，但都行之有效。客服主管应组织不同形式的学习，制定清晰的学习目标，学习过程既要有小挑战，又要有积极的反馈，单纯的填鸭式培训效果甚微。

3. 技能培训

很多店铺的培训掐头去尾，仅做中间的岗位学习，这样还不如设置一个店小蜜。智能机器人的应用是无法阻挡的趋势，可是优秀的客服没必要过度焦虑，担心自己会被替代。销售归根结底是和人打交道，需要感情联结，目前智能机器人还无法和客户共情，无法解决客户购物时的精神需求。

新客服入职培训最核心的就是技能培训。优秀的客服不是一两天就培养得出来的，技能培训是一个长期训练和实践的过程。常见的销售环节是进门问候—商品推荐—商品议价—关联销售—追单催付—告别收藏，每个销售环节都包含着不同的服务场景，以商品推荐来举例。

如何介绍商品才能打动客户？

如何应对客户对商品的质疑？

客户对比别的店铺的商品，如何应对？

客户要求客服推荐尺寸、颜色，如何应对？

商品缺货，如何进行关联推荐？

......

技能培训和基础培训是有差异的，技能培训时可以进行角色扮演，让客服以客户的身份感受客服不同的处理方式下自己购物决策和心态的变化。俗话说"己所不欲，勿施于人"，你不喜欢的服务方式，客户必然是难以接受的。

不管是上岗前还是上岗后，客服能力的提升，都少不了培训、实操和反馈。让客服闭门造车，不进行系统的培训是不行的；同样，不断地培训，却从不检验执行结果，也是不行的。

读书笔记

36 有奖有罚，奖罚分明，合理激励员工

我们团队是一个有着 200 多名客服的团队，我经常收到同学的咨询："老师，这么多人你是如何管理的？"这很难用一句话概括，每个团队的管理模式都不是在一天内形成的，和领导的风格、团队的文化，以及员工的选聘都有关系，并且团队在成长，团队的管理模式也需要不断升级。

在对年轻的电商行业的管理面前，其实每个人都是新手，我们能做的只是不断在工作中摸索适合自己团队的模式。每个团队都是由小到大不断成长的，当团队还小时，领导会关注身边的每个人，大家彼此交流的机会也多，感情相对也深厚一些；但是随着团队逐渐壮大，人员越来越多，如何做才能降低老员工的流失率，提升新员工的能力呢？下面 3 件事是必不可少的。

1. 通过表扬调动客服工作积极性

为什么有的客服转化率高？因为他看得见客户需求，并且能及时满足客户需求。同样，为什么有的团队的凝聚力比较强？是因为领导能看见员工的成绩。当然，光看见还不够，要说出来；单独对他说还不够，要在全体员工在场的时候针对性地给出表扬。

很多人觉得，职场中只有物质的激励才有效，这是对人性的误解。俗话说"好言一句三冬暖，恶语伤人六月寒"，谁没有因为一句表扬就开心了一天的经历？主管不要吝啬自己的表扬，要看得见客服的优点。经常看见别人优点的人，与人沟通的时候更有优势。爱表扬他人的主管在工作中也更有可能得到他人的配合。

我是因老师曾对我说"你是我带的学生中逻辑性最强的"，而走上培训的道路的。每个人都曾经因为别人的鼓励和表扬，而在面临困难时选择继续坚持，在偷懒时警醒自己。

很多客服团队都会张贴光荣榜，但是光荣榜只以业绩为考量标准，这是远

远不够的。对于新人的进步，及时进行表扬，会让新人更加自信，更加努力；对于老客服的带新，也要及时表扬，提高其积极性，为团队储备管理人才。主管在表扬员工的时候，应针对具体的事情提出表扬，让员工知道自己的努力被主管看在了眼里，这也会吸引其他员工效仿，使团队形成良性竞争的氛围。

2. 合理批评，激发客服内在的学习动力和成就需求

表扬的时候模棱两可，批评的时候支支吾吾，这非常不利于团队工作的改进。在团队管理中，批评是不可或缺的环节。有些主管因不好意思批评别人，逐渐把批评积累成了不满和偏见，抱怨客服这个不行，那个不对。我问："你有没有把问题非常明确地向他说清楚，如哪里不对，需要怎么改？"主管会说："平时开会都强调过呀。"实际上，你以为自己说过了，但是人人都觉得你说的是别人，能意识到自己的问题的人毕竟是少数。你的信息发送出去，并没有得到反馈，信息的传递过程其实没有完成。

很多主管顾虑现在"玻璃心"的客服有点多，一批评他们就可能会离职。主管不能因为害怕就不批评，如果服务岗位的人员有一颗"玻璃心"，就算主管不批评，他在客户那里受几次委屈，同样会选择离职。

当然，没人喜欢被批评，一旦被批评，人们就会自动启动"防御机制"，为自己寻求一个合理的解释，所以主管会觉得面对批评，客服的借口很多。其实主管也可以好好思考，自己批评时所说的话是否合适？如何才能提出既合理又容易让人接受的批评？这里给大家提几点小建议。

首先，得抱有自谦的心态。这不是故意谦虚，我们团队的每一名客服都比当初的我厉害很多，这是事实，因为他们都经过了专业的培训，而我那时候就只能在错误中积累经验。没有人生来就是今天的模样，现在年轻人的起点比我们高很多，只要愿意努力，随时都有可能超越我们。

其次，先肯定他人的成绩，再提出他人的问题。人们往往更喜欢和认可自己的人交流。

再次，把命令替换成建议。建议是一种弱化的命令，让人难以拒绝。大多数人对喜欢用命令口吻说话的人都是比较反感的。而建议就温和很多，例如："这个地方，你是不是忽略了？建议下次重点关注。"

最后，注重事实和数据。比如，我向一个客服表示追单很重要，他给我

截图，说自己追了单，但是没效果。那这个时候，我继续强调追单的重要性，他也会抵触，没什么用。但是当我把绩效数据、别的客服的转化率，以及别的客服追单的节奏和话术截图给他看时，他意识到，不是追单没效果，而是自己的方法不对。

如果在批评或者提出建议时，注意以上 4 点，你会发现大多数人是听得进去意见的。如果有人还是听不进去，那就可以进入下一个环节。

3. 有奖有罚，奖罚分明

时间长了，任何团队都会有老员工。对于老员工的淘汰，很多团队采取的是"拖"政策，有的是因为历史遗留问题，有的是因为讲感情。一个老板要是开除老员工，可能会被人冠上冷血无情、过河拆桥之名，所以老员工只要不犯原则性的大错误，基本不会被淘汰。

可是大家好好想想，团队里不服从管理的人，是老员工多还是新员工多？一个团队要成长，变化是永恒的主题，可惜一些老员工沉溺舒适区，不愿意主动改变，没有竞争意识，业绩不够好，却因为自己有资历、有"苦劳"，认为自己理应获得更多奖励。很多时候，老员工会成为团队发展的阻碍。对于老员工，该淘汰的时候，还是应该淘汰。

团队的绩效考核、奖惩制度，应对事不对人，这样较为公平，新客服会有更多提升的机会，老客服也不甘心被超越，这样团队中才能形成良性的竞争关系。请主管们"表扬大声说出来，批评合理指出来，淘汰果决做起来"。

37 对客服聊天记录进行质检，提升客服服务质量（基础篇）

客服在大家的心目中，是最会说话的一群人，可是在实际咨询服务中，不会说话的客服比比皆是。仅有服务的意识，没有服务的方法是不行的，缺乏沟通的技巧，更是客服工作的大忌。

下面我将对客服聊天中的基础问题进行梳理。说话是门艺术，我们首先要摒弃那些错误的聊天方式，好好说话。这里我通过客服实际的工作场景来分析聊天过程中存在的问题，并针对每种问题给出应对策略。

建议大家每看到一个案例时都分析一下这个聊天过程中主要存在的问题是什么，如果自己是接待的客服，会如何解决这个问题。

1. 文字使用不规范

【实例1】

客户：我就拍一套。

客服：可以的。（蓝色字体）

客服：亲，我们的产品是高清无框镜，精致磨边不伤手，安装操作简单，破损包退换。（红色字体）

客户：现在拍下什么时候可以发货呢？

客服：亲，是这样的，因为镜子是易碎品，为了严密包装，保证商品运输安全，我们都是隔天发货的。（紫色字体）

【聊天问题】虽然现在多数客户都在手机端购物，看到的都是默认字体，但还是有部分客户是在计算机端购物的。实例中，客服的3句话用了3种颜色的字体，而且选择了刺眼的红色、紫色，让客户感觉眼花缭乱。客服将聊天字体设置为一种颜色，又将快捷短语字体设置成另外一种颜色，这很容易让客户感到混乱，以为不是同一客服在接待。此外，也不建议选择艺术字体，这些都不符合客服聊天的文字规范。

【应对策略】聊天文字应做到 3 个统一：字体统一，选择较方正的字体；字号统一，选择 12 ～ 14 号；颜色统一，选择深色系。

2. 旺旺表情使用不恰当

现今，客户越来越年轻，有时候长篇大论的文字，不如几个有趣的表情的效果好，但是不能滥用表情。使用一些易引起歧义的表情，如"黑脸炸弹"之类的表情，容易适得其反，让客户以为客服对他不耐烦；若客户是比较严肃的人，客服还一直发搞怪的表情，会让客户觉得客服很不专业；不裁剪图片，发需要耗费流量才能打开的图片，也容易引起客户反感。如图 37-1 所示，这样的图片发送前要考虑是否合适。

图 37-1

【应对策略】客服在追单的时候，应避免使用枯燥的追单话术，可以使用一些可爱的表情（见图 37-2），提升聊天的趣味性，给客户留下深刻印象，这样也更容易追单成功。

图 37-2

3. 未使用礼貌用语

【实例 2】

客户： 面料是微弹的还是弹性很大的？

客服：我也形容不了。

客服：你收到看下就好了。

客户：能拉伸多少呢？

客户：你家打底裤你都不知道吗？咋做生意的呢？

客服：大哥，你不是来买衣服的，是来挑事的。

【聊天问题】客服一般都用"亲"来称呼客户，有些客服会用个性的称呼，如"小仙女""小姐姐"，也有些客服用"您"这样的尊称，这些都是可以的。但本例中客服用"你"这样的称呼，显得没有礼貌，而且指责客户挑事，也是种不礼貌的行为。网购的客户摸不着实物，客服有什么理由不回答清楚客户的问题呢？

【应对策略】如实例3所示。

【实例3】

客户：面料是微弹的还是弹性很大的？

客服：亲亲，咱们这款打底裤是高弹性的。

客户：能拉伸多少呢？

客服：我们做过测试，150斤以下的姑娘穿还是有余地的。

客户：会太勒吗？

客服：亲亲，请放心，这种四面弹的材质的弹性非常大，穿上只有轻微的束缚感，能显得腿更细，但不会有很强的压迫感。

4. 响应不及时

【实例4】

客户：这一个也包邮吗？

客户：我看运费显示是10元。

客户：？

客户：在吗？

客服：您在哪个省？

【聊天问题】如果说之前的客户是利用碎片化时间来购物的，那现在的客户可以说是在利用"粉末化"时间购物了。网络使客户越来越习惯于即时反馈刺激，如果没有第一时间得到反馈，客户就会感到不开心，就不会再有购物意愿，就会选择离开或者到其他店铺购物。

如果客服像实例 4 中那样响应慢，客户早就不知道是去刷抖音、看直播，还是去其他店铺购买了，根本不会等客服回复。响应不及时导致的大量客户的流失，是最没技术含量的询单损失。

【应对策略】店铺应对首次响应和平均响应时间做出明确的规定，客服应在规定时间内完成回复，否则会被扣分。

5. 滥用快捷短语

【实例5】

客户： 今天拍能不能今天就发货？

客服： 亲，仓库按付款顺序发货，下单 48 小时内肯定会发出呢，排到您的订单时，我们一定会第一时间为您发出。

客服： 亲，由于活动量大，不出意外的话，我们会在 48 小时内按照拍下的先后顺序发货，希望亲耐心等待！！

客服： 亲亲，喜欢可以拍下，我们可以当天发货。

【聊天问题】每个店铺都有用于回复客户提出的高频问题的快捷短语，可是在实例 5 中，客户问是否可以当天发货，客服的回复颠三倒四，开始承诺 48 小时内发货，一会儿又说活动量大，可能会有意外情况，最后却强调可以当天发货。滥用快捷短语的情况除了实例 5 所示的前后不一致外，还有频繁使用同一快捷短语，使用无针对性的大段快捷短语，使用有违规词的快捷短语等，出现这些情况都是要扣分的。

本期主要说了五大常见问题：文字使用不规范、旺旺表情使用不恰当、未使用礼貌用语、响应不及时和滥用快捷短语。各位客服可以检查一下自己的聊天记录，看看自己在这些方面是否还有提高的空间。

38 对客服聊天记录进行质检，提升客服服务质量（态度篇）

前文讲到了客服聊天过程中基本的规范要求，可是仅仅掌握基本规范要求还不够，现在都强调服务升级、体验经济。店铺的服务优化通常应参考3个维度：竞品客服，同行业其他店铺的客服是怎么做的；自己团队的服务，自己团队老客服的服务和新客服的服务有什么区别；客户体验，对好的客户体验的需求是不可逆的，一旦提高了，就不会下降了，俗话说"由俭入奢易，由奢入俭难"，客户体验过好的服务，对一些不好的服务的容忍度就低了。

就目前淘宝来说，大部分客户还没有体验过多少好的服务。我自己也经常网购，偶尔遇见一个售前耐心说明的客服，就觉得这家店铺的客服素质不错；遇见售后做跟进的客服，就觉得这家店铺真的很贴心。接下来，我会从客服聊天的质检入手，说明客服在服务的态度方面要注意哪些细节。

态度决定一切，服务意识本身就是态度的一种体现。很多店铺都有客服态度不好的评价，到底哪些具体的行为会让客户认为这家店铺客服的态度不好呢？

1. 简单敷衍

在回复客户咨询时，只回复"有的""是""嗯"等，然后一直沉默。就算是和朋友聊天，这样也会把天"聊死"，更何况客服是做销售工作的，需要传递更多有价值的信息。过于简单、机械的回复，会让客户觉得这家店铺的客服非常冷淡，没有热情的态度。

2. 推卸责任

客户让客服推荐商品，客服怕售后担责；客户让客服介绍商品的材质、功能，客服让客户看详情页；客户让客服推荐尺码，客服让客户参考尺码表……那店铺要客服干什么呢？客户很多时候就是因为看不明白商品信息才咨询客服的，有谁见过商场导购对买空调的客户说"这是产品说明书，你自己看"？有谁见过服装店营业员对客户说"衣服吊牌上都有，自己看"？更何况电商是线上销售，客户看不见商品实物，很多时候需要更加了解商品的客服给予更加专业易懂的说明，推卸责任的做法不仅会让客户体验大打折扣，而且显得客服非常不专业。

3. 生硬拒绝

现在很多店铺原则上是不议价的，但是客服如果直截了当地回复客户"不优惠""不指定快递"，就会让客户感觉自己被拒绝了。大家可以查看一下自己店铺，特别是客服与那些评价客服态度不好的客户的聊天记录，其中往往存在客户的一些要求被拒绝的情况。

这时候肯定会有客服提出异议：政策是店铺定的，我们也没权限呀，再说很多客户的需求是超出合理的范围的，难道任何时候都不能拒绝客户的要求吗？

在无法满足客户需求时，建议换个说法试试。比如优惠，不能直接降价，是不是可以使用优惠券呢？再如快递，不能指定快递，能否选择更合适的快递呢？客服在聊天的过程中生硬地拒绝客户，是非常不明智的沟通方式，也很容易被客户误判为态度不好。

4. 随意承诺

有些客服成交心切，承诺当天发货，其实店铺无法保证当天发货；有的客户想知道准确的到货时间，客服却不考虑物流的一些意外因素，随口答应某天送到。这些看上去信心满满的服务反而容易导致一些不必要的售后纠纷。客服说的话代表着店铺的承诺，说话严谨是服务的基本要求，客服的说法前后不一会让客户觉得店铺的服务很差劲。

售后更是负面评价的重灾区，客户本就因为售后问题而感到委屈，如果客服"态度"还不好，客户就会很生气。

5. 不安抚客户情绪

进行售后服务时，客服会发现客户很多时候不是在说明问题，而是在发泄情绪，如"你们怎么搞的""是不是故意的"。但客服经常忽视客户情绪，急于向客户解释，然后告知售后方案。这时候客服说的每个字，在客户耳中都是辩解、掩饰。客服也觉得客户得理不饶人，自己的情绪也逐渐失控。

在安抚好客户情绪后，再推出解决方案，客户更容易接受。安抚情绪并不是敷衍地道歉，而是能站在客户的角度，理解客户的情绪。当客户感觉自己的情绪被客服看见时，他们会逐渐冷静下来，会觉得事情已经发生，找到解决方法才是正道，也愿意相信客服解决问题的诚意。

6. 不告知就转接

很多店铺有专门的售后岗位，遇到售后问题时需要转接，但是直接把客户转走的做法是错误的，这样给客户的感受是店铺一遇到问题就"踢皮球"，一个问题要重复讲好几次，很令人烦躁。客户转接的正确方式是：首先，向客户说清楚，转接是为了更快地处理问题，同时提醒客户注意新窗口消息；其次，向接手的同事简单说明情况，避免客户多次说明；最后，售后客服接待客户时，应表明售后身份，再开始服务。如果售前客服没有进行转接提醒，会被计入"未回复"的情况，影响店铺的综合体验得分。

7. 不跟进落实

很多客服往往不跟进补偿是否到账、换货是否发出等。我曾在一家数码店铺购物，该店铺的售后过程非常不同：①客服主动留言，及时告知补发商品的单号；②收到货几天后，客服主动向我了解使用情况；③之后，客服再次为给我带来的售后麻烦道歉，还积极引导我添加他为好友，让我有任何售后问题随时联系。而多数店铺的售后是怎么做的呢？我不具体描述了，估计很多人都经历过。正如前文所说的，体验过好的服务，再看其他店铺的服务，就很难满意了。

本节讲了7种错误的服务行为：售前服务中的简单敷衍、推卸责任、生硬拒绝、随意承诺，以及售后服务中的不安抚客户情绪、不告知就转接、不跟进落实。每位客服可以自检一下聊天记录，看看自己是不是位有态度的客服？

对客服聊天记录进行质检，提升客服服务质量，是一个长期的过程。下面我将围绕着质检工作来展开多维度的深度分析。

39 与其从服务过程中找"病根"，
不如从客服身上找"亮点"

　　如何提升客服的服务意识和品质，是很多主管关注的事情。多数时候，主管只是简单粗暴地利用绩效考核来促使客服按质按量完成任务，可是在这个过程中，部分客服会有抵触心理，导致执行"打折"。客服绩效管理有 3 个步骤：定目标—追过程—拿结果，其中的"追过程"就是我们日常的质检工作。可是我们想一想，我们是不是习惯为客服找"病根"？今天我们换个思路，试试从客服工作中"找亮点"。

　　对于客服工作中的问题，我们习惯先发现问题，再分析问题产生的原因，然后从根本上解决问题。这个方法初期很见效，可是一直使用，效果会越来越差。客服工作中的问题相对来说比较集中，梳理出来不是那么困难。然而，相对于客服的销售技巧，更重要的是服务的意识，我们要获得长期并且有效的质检效果，就需要采用不同的管理策略。这里讲解"找亮点"的质检方法。

　　"找亮点"的质检方法来源于一个心理治疗方法——焦点解决短期治疗，也叫"焦点疗法"。治疗时，心理医生不关注患者的过去，也不追究患者为什么会变成现在这个样子，只问患者"好的时候"是什么样的，找寻患者的"亮点"。

　　客服团队女生多，情绪问题频发，心情直接影响客服接待的质量。特别是老客服，她们不是不会使用销售技巧，而是没有热情服务的能量源，这种能量源有的来自自驱力，有的来自主管的不断引导。

　　我们团队的中级客服会定期分享实例，我总是尽量鼓励大家分享正面的实例。下面是一家户外店铺的客服分享的实例。

　　一位客户咨询店铺的热销款钓鱼服，在咨询完商品细节后，对客服说"感觉有点贵了"，客服给出了店铺的满减优惠，客户没有回复，客服之后追单也显示消息未读。第二天上班，客服再次发出消息，说"今天帮亲申请了额外赠品"，这时客服惊喜地发现，消息是已读状态。更让人开心的是，客户不但已读，还回复了"谢谢，我也觉得这衣服不错，正好我和朋友约钓鱼需要"。当客服以为客户会直接下单时，客户再次提出"还是觉得有点贵"，说要再看看，于是客服邀请客户加自己为好友。第三天，客服再次打开客户的聊天窗口，发现客户还在继续看店铺商品，这时候客服判断，客户的购买意愿特别强，就又去跟进订单。针对客户对价格的疑虑，客服做了一些补充说明，并承诺到货后会赠送 10 元红包。如此不光是追单，连评价引导也一起做了。最终，客户顺利下单了。虽然整个过程历时比较长，但是客服分享时发自内心的喜悦和骄傲，不是简单的"我成交了一个订单"能表达的。这个分享也感染了其他客服，他们开始分享自己追得最久的订单。那一瞬间，相信每位客服都看见了"亮点"。

我给这次分享打了 98 分，并且赠送了一本书给该客服，这不仅肯定了客服工作中的亮点，也是在管理工作中给客服创造了一些惊喜，让客服从工作中获得了更多荣誉感。

这位客服的做法适合很多接待量不饱和的店铺，更适合一些高客单价的店铺。我最近在选择沙发、电动衣架之类的大件时，会先选择款式，再比比价格。淘宝的"千人千面"会优先展示与收藏的商品类似的商品，所以在活动期间，我又点进去看了看活动优惠，但是并没有客服向我这位最近浏览的客户推荐宣传活动，更别说跟单了。这实在有些可惜。

找亮点是一个比较反直觉的方法，因为我们的头脑倾向于关注问题而不是关注亮点。问题能刺激你，亮点不会刺激你，我们对别人做错的事很敏感，却往往不会注意别人做对的事。从现在开始，让我们一起学习，尝试发现工作中的亮点，随时随地给自己和他人一个赞许。

40 为什么客服一学就会，一做就"废"

一个主管曾联系我，说客服的培训也做了，质检也做了，甚至话术也教了，但是客服数据还是不理想。相信这也是很多主管的烦恼，觉得自己十八般武艺都使上了，教的时候感觉客服都会了，但是实际接待时还是原来那样，到底哪里出了问题？

假设一家店铺有 3 位客服，分别是有 3 年工作经验的客服、有 3 个月工作经验的客服和有 3 个星期工作经验的客服。工作 3 年的客服肯定比工作 3 个星期的客服更有经验，但如果将工作 3 年的客服和工作 3 个月的客服的数据对比，有时前者的数据反而更差，这是什么原因呢？

研究表明，一旦工作表现达到了"可接受"的水平，并且可以做到自动化，那么再多的"重复"也不会带来什么明显的进步，如果没有刻意地提升自己，还会慢慢退化。这也是为什么很多以前做得不错的客服，越做越差。很多人会直接将其归咎于职业倦怠期，或者会说是因为绩效激励不够。这些确实是影响因素，但不是核心因素。

突破销售的工作瓶颈，并不是靠简单的重复，否则只能让服务越来越机械化和麻木，无法改变销售结果。下面是主管和客服的一段对话。

【实例】

主管：最近转化率又下降了，能分析一下原因吗？

客服：我也不知道，客户咨询我都回复了，也追单了。

主管：那你追到了几位客户？

客服：不知道，一两个是有的吧。

主管：那你是怎么追单的呢？

客服：不知道呀，就是给客户留言，问还有什么疑问。

只进行这种简单的重复工作，一天不管是追单 100 位客户，还是追单 200 位客户，都是没有用的。销售要的是结果，而这种没有总结和反思的销售要成功，只能靠运气。

想要突破销售的瓶颈，不能天天无意识地做简单的重复工作，而需要刻意练习，这样才能真正地提升能力。

首先，应制订一个目标，根据自己店铺的实际情况来制定即可，而且要学会把一个目标拆分成众多的小目标。比如我去一家店铺做内训，店铺客服的平均响应时间为 40 秒，行业基本的要求是 20 秒。我无法在一周内让所有客服将响应时间缩短到 20 秒以内，一是不现实，二是客服可能会为了考核滥用话术或者敷衍回复，这都不是主管想要的。那怎么办呢？从数据来看，这家店铺最优秀的客服的响应时间为 28 秒，多数客服的响应时间为 35 秒左右，而最慢的客服的响应时间为 48 秒，因此我要求客服 3 天内将响应时间缩短到 30 秒以内。这不是一个很难实现的目标，大部分客服都可以轻松达到。然后，我再要求客服将响应时间缩短到 25 秒内，这时候他们可能就需要借助一些千牛使用技巧了，如时间排序、快捷短语以及自定义短语的设置。随后通过绩效考核来进行奖惩，这样，让大家保持 20 秒内响应的良好工作习惯，就比较容易了。20 秒的考核目标需要拆分为多个合理的小目标，逐步实现，在练习的过程，逐步掌握提升方法和技巧。

其次，练习的过程要有反馈，我们做一件事得知道是做对了还是做错了，如果错了该怎么改。比如，实例中的客服就需要主管给他正向反馈，告诉他追单工作中出现的问题及应对方法，否则无论他接待多少客户，只是在无数次地重复错误的工作流程，何谈进步？而且，正向反馈尤为重要，很多销售活动的告别语都是有任何问题记得联系客服，而不是以更积极的方式来说，比如"亲，收到宝贝可以好好享受扫地机给您带来的幸福"。比起售后提醒，祝福能起到更积极的心理暗示作用，这样客户收到东西后不会首先想到商品有没有问题（当然，如果你家商品售后问题比较多，还是可以做售后提醒的）。大家都听过疑人偷斧的故事，只要心里种下怀疑的种子，那看什么都是不对的。所以现在很多人也提倡让客服主管多找客服的"亮点"，给客服正向反馈，让客服知道做得好是会被看见的；同样告诉做得不对的客服，好的标准是什么，差距在哪里，毕竟任何能力的提升，都需要知道自己哪些方面还不足，以及不足的原因。有时候我们需要别人给我们反馈，有时候我们也可以自我反馈。无复盘，不成长。

最后，需要走出自己的舒适区。看一本书，如果感觉没有任何难度，那这本书就没有超出自己的认知范围；接待一位客户，若感觉没有任何挑战，我们就只是在重复昨天做的事情而已。老客服可以想想，自己是否很久没有学习新的知识了。例如，运费险的规则改了很久了，但前段时间还有客服惊讶地说"原来现在交易成功也可以用运费险呀"。若只服务好说话的客户，只关注容易成交的订单，那么客服将永远不知道对购物意愿不明确的客户从哪儿下手展开追单。有些客服工作都两年了，遇到复杂的售后问题还是会回避，怕被投诉，又怕受委屈，从来不会冷静地想客户的真正需求是什么。难道老客服的经验还不如新客服吗？并不是，只是他们遇到问题时的第一反应不是解决问题，而是逃避问题。舒适区，顾名思义，就是最让人有安全感的地方，可是这个区域也会腐蚀你、固化你，不迫使自己走出舒适区，就永远无法真正进步。

客服的刻意练习是否有明确的目标、是否采用了正确的方法、是否得到及时的反馈，关键都在于店铺是否拥有一位优秀的客服主管。主管需要有较强的管理、沟通、培训以及自我成长的能力，而最佳学习方式，就是融入相关情景，找到自己的"学习共同体"。

读书读记

麗人说

第5篇
客服工具应用篇

41 科学设置店铺客户分流，合理分配客服接待工作量

随着店铺的发展，客服会越来越多，分工会越来越细，店铺自然也会建立多个子账户。子账户对内要方便协同工作，对外要区分职责。而子账户的分配和管理工作，也是客服主管的工作之一。

1. 子账户分组设置

找到"客服分流"里的"分组设置"。在添加分组的时候，如果店铺客服不多，可简单设置"售前组"和"售后组"，但是如果客服比较多，服务流程比较烦琐，建议多分几个组。比如，有些店铺的商品需要定制，就可以单独设置"定制组"；有些店铺销售大家电和家具，就可以设置"安装组"。这样，在客户咨询时，专业小组的客服就可以提供更加专业的服务。分组示例如图 41-1 所示。

图 41-1

　　单击分组名称右侧的齿轮图标，会进入相应的管理页面（见图41-2），选中需要加到这个分组的客服，就完成了客服分组的工作。随着岗位变动，还可以直接将客服移动到其他分组，操作非常方便。

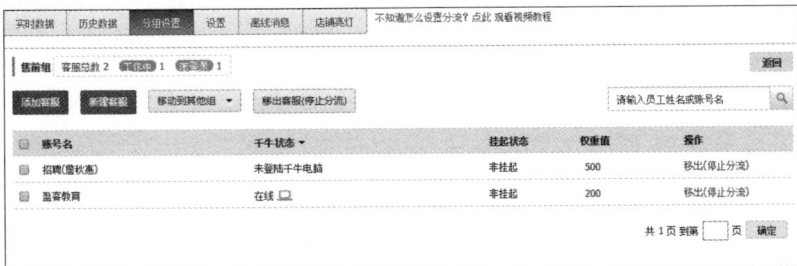

图 41-2

　　客服的分组管理，不但有利于店铺实现流程清晰、责任到人的目标，而且有利于客服提高工作效率和质量，实现由专业的客服处理客户的各种需求。

2. 子账户分流设置

　　说完分组，再看看分流问题，相信很多主管对以下的场景都不陌生。

　　场景一： 新客服登录新建的子账户，但一天下来没有一位客户来咨询。这是因为忘记把该客服加到分组里了。将新的子账户添加到分组后，子账户才能正常分流到客户。

　　场景二： 店铺的美工和运营人员平时不做接待工作，但是总有客户被分流到他们的账户上，需要二次转接。这不仅影响客户的购物体验，而且还容易导致客户的信息得不到回复。建议将店铺后台岗位人员的子账户移出分组，不参与分流。

　　场景三： 不断有客户咨询店铺的一位新客服，新客服有点应接不暇，因为他对很多产品还不是那么熟悉，得现学。这不仅影响了回复时间，还容易忙中出错。这个时候可以调低他的分流权重，让新客服的接待量逐渐增加，给他留出适应期。直接加减权重值就可以控制分流人数（见图41-3）。

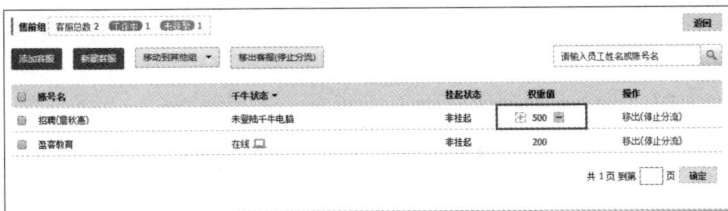

图 41-3

以上的问题，都可以通过分流设置解决。

3. 子账户权限设置

每个子账户的职责不一样，需要的权限也不一样。客服主管应针对每个子账户的实际情况开放权限，这既方便账户的功能使用，又能保障店铺的账户安全。

打开客服管理的修改权限页面（见图 41-4），选中需要的权限。这里向大家说明几个容易被忽略的细节。

	账户名	部门	岗位(全部) ▽	认证状态(全部) ▽	使用状态(全部) ▽
☐	招聘 登记离职 修改基本信息	售前客服	客服 修改权限	已认证 使用者：詹秋惠 解除使用者绑定	使用中 停用

图 41-4

（1）客服主管可以根据客服的岗位分配来选择每个子账户的权限，如售前客服需要开通交易管理的权限，售后客服则需要有退款及评价管理权限（见图 41-5）。

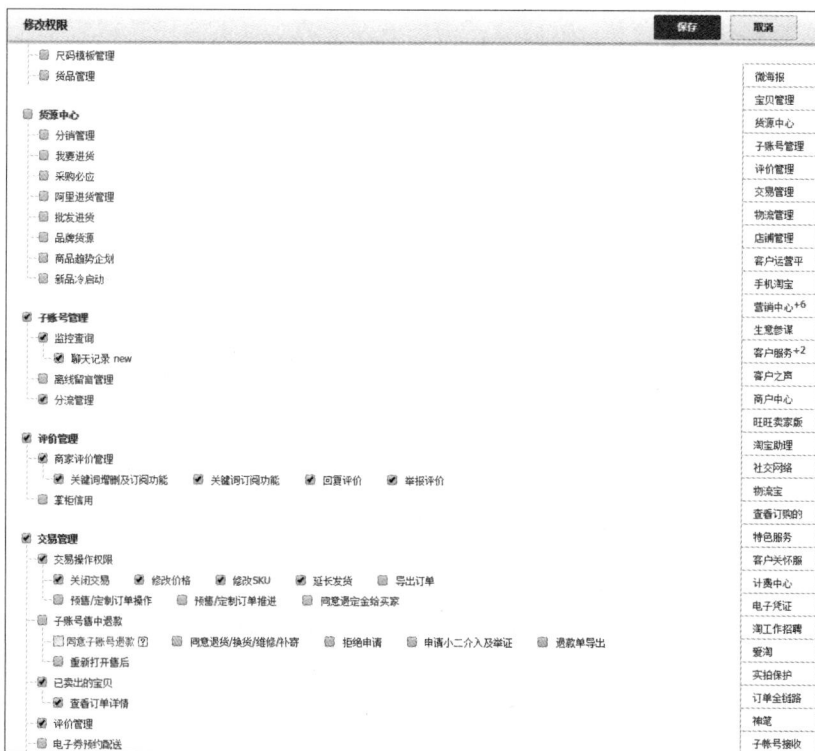

图 41-5

（2）除了在应用服务里修改权限外，还需要到第三方软件中再次授权，这样子账户才有使用权限（见图41-6）。

图 41-6

（3）如果在工作中需要补充权限，可以通过子账户申请开通权限（见图41-7）。

图 41-7

千牛分组、分流、权限这3个基础设置是子账户管理的基本操作。在实际工作过程中，客服还会遇到更多的问题，后文将陆续为大家讲解。

42 千牛软件的子账户登录与使用

如果说网络是一个伟大的发明，那即时通信软件更是改变了人们的生活，网络让世界变得触手可及。

网络销售主要通过千牛软件进行。客服要在接待的时候做到游刃有余，就必须掌握千牛软件的操作。

所以新客服上岗培训的第一课通常都是培训千牛软件的操作。

1. 千牛软件的登录

很多新客服在登录千牛软件，输入子账户和密码时（见图42-1），会出现各种各样的问题。这个时候建议主管不要着急告诉新客服出现了问题，而是可以默不作声地看着大家操作。当大多数客服顺利地登录了账户，剩下的少部分客服多次尝试失败，以为主管给的账户名和密码是错误的时候，主管再告诉大家登录时的错误操作，大家的记忆会更加深刻。

图 42-1

以下都是新手客服在登录账户时经常出现的问题。这些问题看似很简单，甚至有些傻，但都是新手客服在实际上岗前可能碰到的真实情况。

（1）子账户名称输入错误，如子账户名称为"×××旗舰店：小七"，但客服只输入"小七"。需要输入完整的子账户名称才可以登录。

（2）输入子账户名称时输入法错误，如子账户名称为"×××旗舰店：小七"，要输入英文状态下的冒号才可以登录。

（3）安装千牛的时候，千牛被杀毒软件拦截了。重新安装或者暂时关闭杀毒软件即可登录。

（4）第一次登录时，要输入网页验证码和手机短信验证码，输入正确即可登录。

2. 千牛子账户的实名认证

账户安全升级后，每个子账户都只有经过实名认证才能正式使用。使用手机淘宝 App 扫描二维码（见图 42-2），按照操作提示一步步完成子账户的实名认证即可。

3. 子账户的使用

（1）不打开不安全链接。通过旺旺发送的所有淘宝平台的链接都有绿色的安全标识（见图 42-3），如果链接显示的是黄色问号的标识，大家就需要小心，不要随意打开。特别是提示输入账户名和密码的网页，更要谨慎对待。

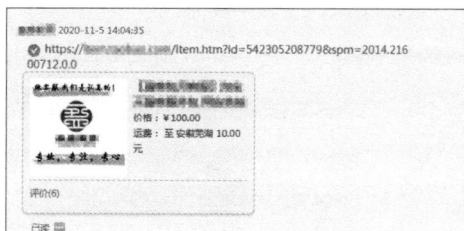

图 42-2   图 42-3

（2）不接收含有木马病毒的文件。除了定制商品的店铺，客服上岗后应尽量避免接收客户传送的文件，特别是一些压缩文件，这些文件容易携带木马病毒，威胁账户安全。

（3）学习识别官方小二。多数客服面对客户时，很注意安全问题，但当有人说自己是官方小二，称店铺被投诉或者店铺账户有异常，需要按照要求操作时，他们的警惕性就降低了。这里向大家强调，官方小二不会私下让店铺做任何与账户安全相关的操作，如果有官方小二让你做相关操作，请务必辨别一下真伪。

账户安全是店铺安全的重要前提，每位客服都要谨记账户安全，养成良好的登录习惯——不保存密码，定期更改密码。

43 设置自动回复，缩短客服响应时间

现在，客户购物决策时间非常短，这要求客服第一时间响应客户。在接待量大的状况下，店铺要设置好自动回复，以及时回复客户。

首先，单击千牛工作台的【团队管理】，在【自动回复】选项卡中选择【编辑模板】。然后选择需要自动回复关联问题的工作场景，比如选择【当天第一次收到买家消息时自动回复】，如图 43-1 所示。

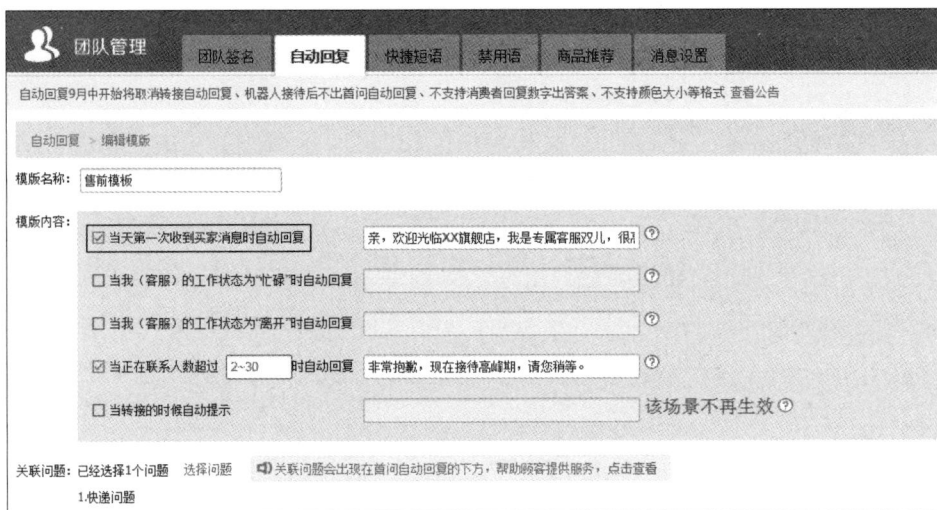

图 43-1

自动回复关联问题也能有效地解决客户咨询的高频问题。客户只需直接单击关联问题，系统会自动回复客户对应的答案，如图 43-2 所示。这里因为只是做个示范，我设置的回复很简单。设置完成要记得保存。

关联问题最多只能设置10个，所以店铺可以筛选客户最关心的高频问题，建议设置 3 ~ 5 个即可。

大促期间的自动回复和店铺平时的自动回复应该有所差别，一些店铺在大

促期间还用平时的自动回复，显得非常不合时宜。大促期间的自动回复需要配合店铺的运营活动，根据不同的运营阶段进行配置。这里以 2020 年的"双十一"为例进行说明。

图 43-2

2020 年 10 月 21 日零点，"双十一"预售活动拉开了帷幕，不仅是电商平台，各种线下宣传渠道也会宣传"双十一"，这段时间进店的客户基本都会问"双十一"有什么活动。预热期最关键的就是活动宣传，建议店铺将自动回复调整成店铺"双十一"的活动说明，客服也需要配合活动引导客户加购和收藏。自动回复示例如下。

亲亲，欢迎光临 ×× 旗舰店，"双十一"全场疯狂折扣，最低 1 折起，赶紧把喜欢的宝贝加入购物车吧！

☆ 加购抽奖

☆ 活动优惠

☆ 发货物流

2020 年 11 月 10 日，客户基本上都在咨询"双十一"的订单，这个时候可以根据客户在这段时间提出的高频问题，设置自动回复关联问题，客户通过单击关联问题可以直接获取想要了解的问题答案，这可以有效减轻客服的咨询压力，示例如下。

亲亲，欢迎光临 ×× 旗舰店，11 日零点准时开抢，请提前领取店铺优惠券。全场参与跨店满 300 元减 40 元的活动，一年仅此一次，机会难得。

☆ 优惠券链接

☆ 全场优惠

☆ 发货物流

☆ 售后保障

2020 年 11 月 11 日晚，有的店铺会返场，而更多的店铺开始了漫长的售后期，这个时候店铺的自动回复，可以更多地针对售后问题进行说明，示例如下。

亲亲，欢迎光临 ×× 旗舰店，我是您的专属客服双儿，很高兴为您服务。

☆ 物流查询

☆ 退换货申请

☆ 活动优惠

通过不完全的数据统计，设置合理的自动回复关联问题，至少可以过滤 30% 的客户咨询问题。

读书笔记

44 七招学会编辑吸引人的快捷短语

任何一项工作做久了，都会有倦怠期，客服亦是如此。虽然每天都要接待不同的客户，却总是回复相似的问题，这样难免会逐渐失去刚上岗时的工作热情。重复、机械的工作是留给智能机器做的，人可以做更有创造性的工作，如编辑吸引人的快捷短语。但在实际服务过程中，很多客服说话简短、生硬，存在歧义。常言道"授人以鱼不如授人以渔"，主管需要教会客服如何编辑一条合格的快捷短语。

这里要申明，编辑快捷短语的目的，不是让大家在工作中全用快捷短语回复客户，而是有选择地使用。以下两种场景较多使用快捷短语：一种是店铺接待量比较大，准备完善的快捷短语能有效缩短客户等待时间，提高客服工作效率；另一种是客户询问高频问题，如发票、物流之类的问题，使用快捷短语可以降低出错率，减轻客服工作压力。而对于一些咨询商品的问题，要理解客户真正的需求，精准传递商品的价值，则还是需要客服直接沟通跟进。

快捷短语的编辑应遵循以下规则。

（1）字数：现在大部分客户都在手机端购物，快捷短语切忌篇幅过长。有些店铺的快捷短语看着像一篇长文，不仅读着费劲，也不太容易理解。建议每条快捷短语的字数不超过 50 个字。

（2）格式：如果是活动规则之类的快捷短语，需要说明不同层级的活动，可以做好排版，做到分段有逻辑地表达，让客户阅读起来更轻松。

（3）表情：文字沟通有时候会略显单薄，无法充分表达感情，多一个善意的或者可爱的表情（见图 44-1），不仅能够更好地传递信息，也能使话术更加活泼一些。客服在聊天时，可以使用旺旺表情，也可以添加一些自定义的网络表情，但是一定要注意图片大小，不要使用太大的图片，否则会导致客户打不开，或者图片占满屏幕，这样就适得其反了。

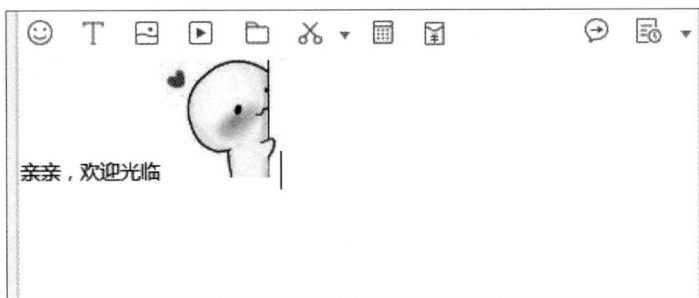

图 44-1

（4）语气：除了表情，语气助词也有利于更好地传达客服态度。设置快捷短语时，可在结尾处添加一些语气助词，如"好的呢""没问题呀"。这会使客服的语气显得更加委婉，哪怕拒绝客户，也会比直来直去的生硬语气好。

（5）规则：编辑快捷短语时，一定要尽量避开《中华人民共和国广告法》规定的禁用词，以及一些网络用语。一些网络用语，有些客户不理解，甚至还会引起误会。

（6）内容：做到以上 5 点并不难，而要做到这一点就比较难了，需要客服有一定的服务经验。快捷短语的内容要场景化，在编辑快捷短语时，需要尽量还原客户的咨询场景，而且要尽可能多地考虑同类问题下的不同的场景。比如，对前来查询物流的客户，他第一次来查询的时候如何回复？已多次查询过，如何回复？客户已经表达了强烈的不满，要投诉时，又如何回复？一些店铺不管客户是在什么情况下来查询物流的，都只会说让客户耐心等待。

【实例 1】

（客户第一次咨询时，双方谈话内容）

客户： 你好，帮忙看一下快递到哪儿了。

客服： 亲亲，因为大促期间订单量激增，物流比较慢，麻烦耐心等待。

客户： 好的。

（客户第二次咨询时，双方谈话内容）

客户： 都一个礼拜了，快递怎么还没到？

客服： 亲亲，因为大促期间订单量激增，物流比较慢，麻烦耐心等待。

客户： 可是我在别人家买的东西都收到了呀。

客服： 亲亲，我们这边会帮您催促，尽快派送的。

（客户第三次咨询时，双方谈话内容）

客户： 你们到底发货没有？

客服： 亲亲，包裹都发出了，因为大促物流比较慢，请耐心等待。

客户： 这都过了 10 多天，你说还要怎样才算有耐心？

客服： 亲亲，您这边稍等，我帮您查一下。

客户： 问了几次了，为什么都查不出结果？

　　实例中，客服没有对客户的问题做出任何准确答复，一直让客户耐心等待。

　　（7）专业：任何行业都有专家，客服行业也不例外，专业的客服回复总是容易赢得客户的信赖。看到"问大家"和评价里的一些负面的评论，多数时候客户都会找客服确认。针对这类问题，给出专业、正面的答复，打消客户的疑虑，是非常关键的服务环节，直接影响客户的下单率。比如，当客户质疑食品的保质期时，客服应专业地说明食品的制作工艺、保存和食用方式，而不是模棱两可地只回答"都是最近生产的"。

【实例 2】

客户： 你好，请问这个手抓饼的保质期是多久？

客服： 亲亲，咱们的商品都是最近生产的，近一周内生产的，保质期 180 天。

客户： 天气热，运输过程中会不会坏呀？

客服： 您放心，我们都是冷链运输的，收到后您直接放入冷冻室保存即可。

客户： 那吃的时候还需要解冻吗？

客服： 不需要的，咱们这个手抓饼，您直接拿出来，用平底锅将两面煎熟就可以。

客服： 油也不需要放，可以根据自己的喜好添加鸡蛋、培根和生菜，用它制作一顿美味早餐非常方便。

　　在编辑快捷短语之前，需要多查看客服的聊天记录，把客户的提问尽可能多地归纳到 Excel 表格里，然后进行分类归纳，把高频问题筛选出来，再按照以上 7 条原则逐一编辑快捷短语。店铺的快捷短语还需要不断地更新升级，以符合新环境下的客户购物体验需求。

45 巧用聊天窗口，提升客服工作效率

前文提到的设置自动回复、编辑快捷短语，其目的都是提高客服的工作效率。除了以上方法，千牛软件本身也设置有很多可以有效提高客服工作效率的功能，有助于提升客户体验。

（1）回复结束后及时关闭窗口。很多客服在接待客户的时候，从不关闭聊天窗口，而是习惯让客户在千牛界面左侧的接待客户区中排成长龙，这种情况下有些客户往往会因等待时间过长而离开。客服应尽量使各客户的等待时间差不多，为此，可以利用键盘左上角的【Esc】键，回复结束就关闭当前窗口，继续回复下一位客户，这样既节省了切换窗口的时间，又不至于漏回客户。

（2）按等待时间调整客户排序可在【排序】选项中进行设置。这样每位客户的 ID 后面会显示等待时间（见图 45-1），时间提醒会有效促使客服加快打字速度。

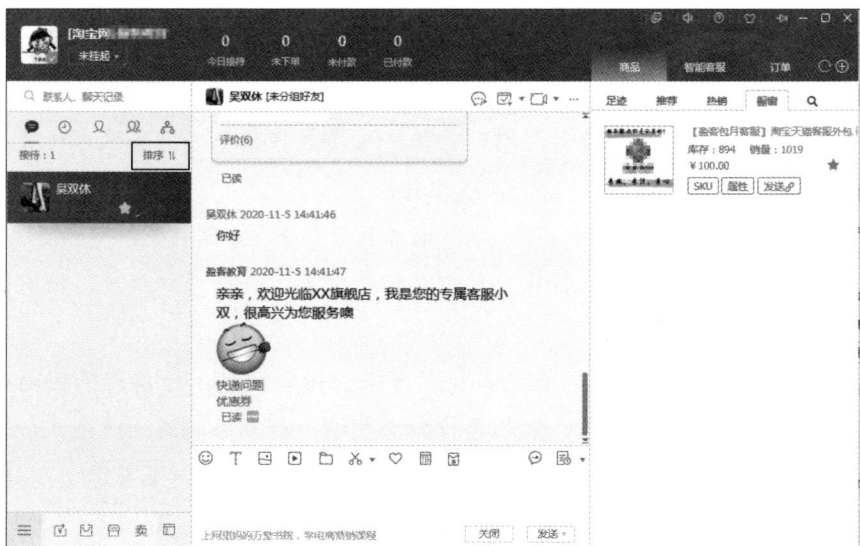

图 45-1

（3）对于编辑好的快捷短语，要设置好分组和快捷编码，这样在回复问题时，可通过输入快捷编码发送对应的快捷短语，使快捷短语的使用效率更高。

（4）自定义短语设置。如果你选择的是搜狗拼音输入法，你可以利用其自带的记忆功能，即快速关联显示常用的词语。而且不管使用什么输入法，你都可以通过设置自定义短语的方法来提高回复速度。以搜狗拼音输入法的设置为例，在搜狗拼音输入法的工具栏中单击【工具箱】按钮，再依次单击【属性设置】→【高级】→【自定义短语设置】，如图 45-2 所示。在弹出的【自定义短语设置】对话框中你可以设置当输入某个关键词时，就自动输入自定义的特殊符号、短语、短文等。

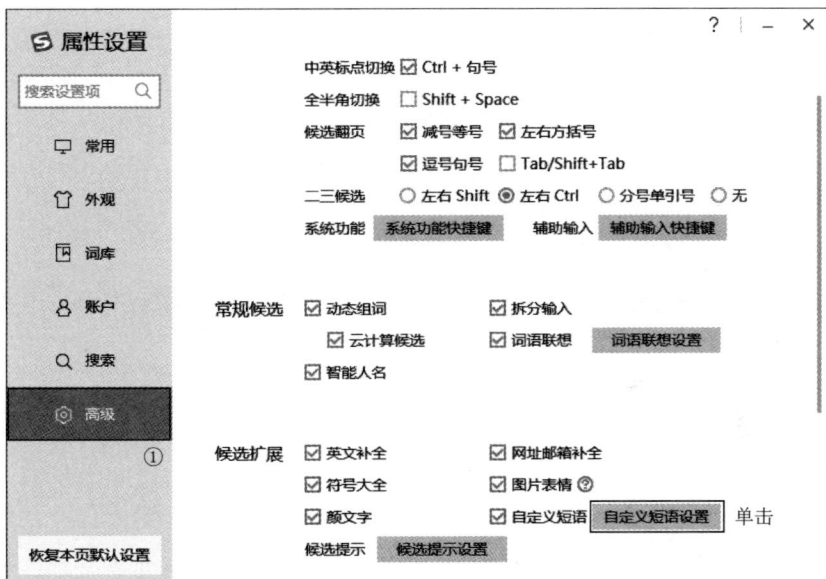

图 45-2

（5）个人推荐。把店铺的热销商品加入【个人推荐】一栏（见图 45-3），这样客户咨询商品时，客服可以快速地了解商品信息，及时进行商品推荐。

（6）利用标星工具标注重点客户。如果有客服担心关闭窗口，自己可能会忽略重点客户，那可以用千牛的标星工具将重点客户置顶，这样既可以尽量平均分配客户的等待时间，又不会疏忽重点客户。

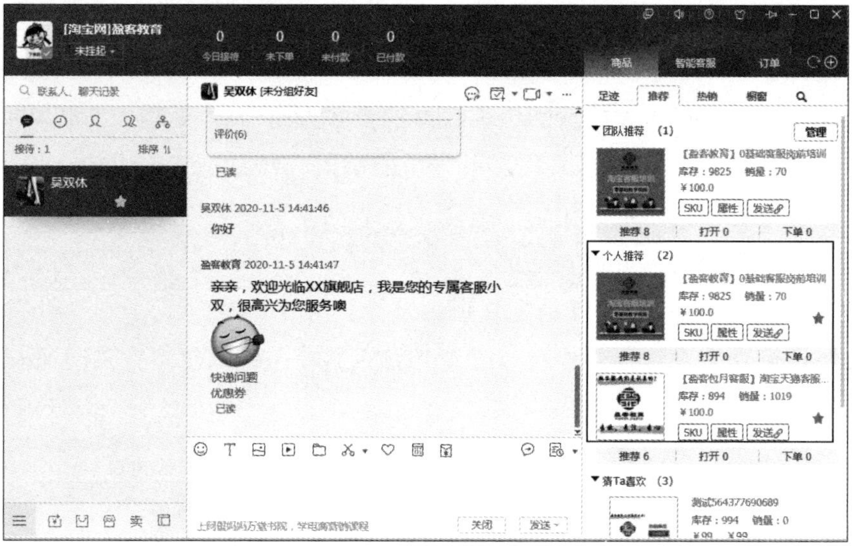
[淘宝网]盈客教育
未挂起
0 今日接待
0 未下单
0 未付款
0 已付款
商品
智能客服
订单
联系人、聊天记录
接待：1
排序
吴双休
吴双休 [未分组好友]
评价(6)
已读
吴双休 2020-11-5 14:41:46
你好
盈客教育 2020-11-5 14:41:47
亲亲，欢迎光临XX旗舰店，我是您的专属客服小双，很高兴为您服务噢
快递问题
优惠券
已读
关闭
发送
足迹
推荐
热销
橱窗
团队推荐 (1)
管理
【盈客教育】0基础客服岗前培训
库存：9825 销量：70
¥100.0
SKU
属性
发送
推荐 8
打开 0
下单 0
个人推荐 (2)
【盈客教育】0基础客服岗前培训
库存：9825 销量：70
¥100.0
SKU
属性
发送
推荐 8
打开 0
下单 0
库存：894 销量：1019
¥100.0
SKU
属性
发送
推荐 6
打开 0
下单 0
猜Ta喜欢 (3)
测试564377690689
库存：994 销量：0

图 45-3

读书读记

46 设置自动催付，提高支付完成率

客服绩效考核中有一个重要的考核指标，那就是订单的支付完成率。不管是静默下单的客户，还是询单后下单的客户，如果没有及时付款，就需要客服及时跟进并落实付款。但有时候店铺接待量比较大，忙于接待的客服可能会错过最佳的催付时间。遇到这种情况，客服可以开启千牛的自动催付功能，只要客户下单，系统就会第一时间自动发送催付信息。

自动催付功能的设置方式如下。

（1）通过以下两种方式中的一种找到设置【客户服务】的入口。

① 在【我的应用】中，单击【更多应用】按钮，在弹出的界面中单击【客户服务】按钮，如图 46-1 所示。

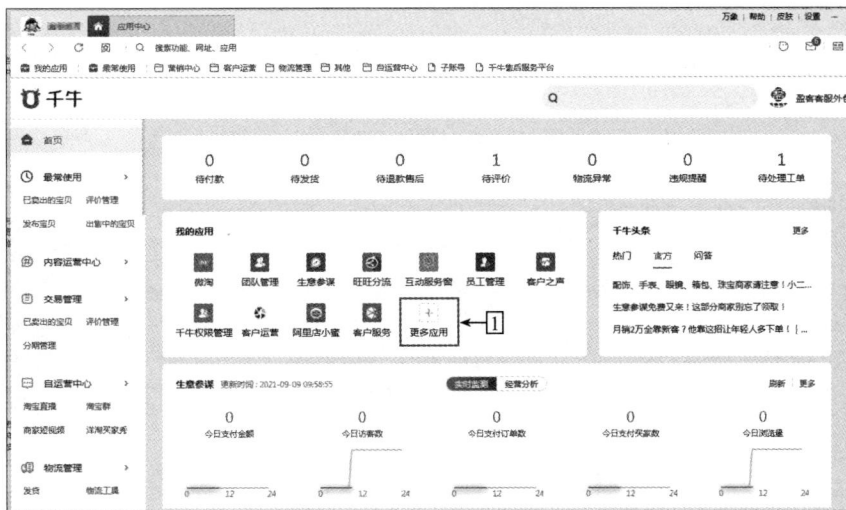

（a）

图 46-1

（b）

图 46-1（续）

② 在千牛卖家工作台的搜索框中输入【客户服务】，单击【搜索】按钮，在【我的应用】中单击【客户服务】按钮，如图 46-2 所示。

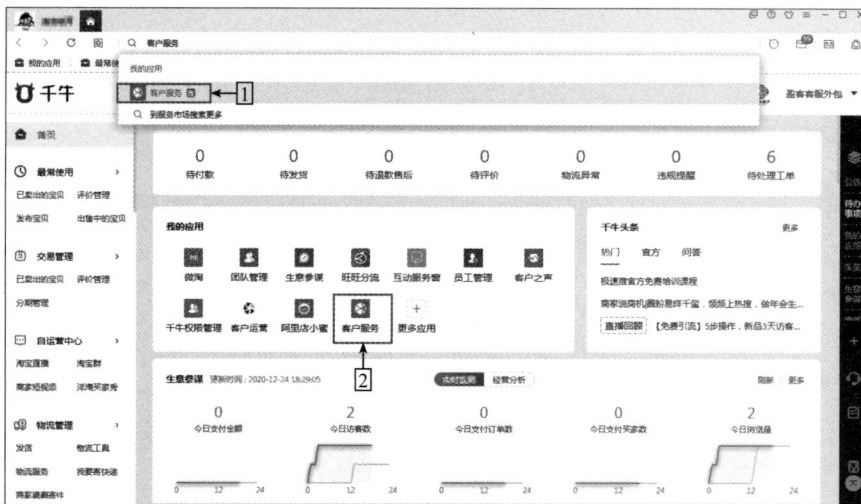

图 46-2

（2）进入客户服务平台，在左侧的栏中选择【设置】→【自动化任务】选项，进入自动化任务设置界面，选择要开启的自动催付功能，如图 46-3 所示。

图 46-3

（3）对客户咨询过的订单的催付工作是由负责接待的旺旺账户来进行的，但也不能漏了对静默下单的订单的催付工作。对于没有咨询客服就直接下单的客户，可以开启服务号催付，也可以用指定的账户催付，具体设置规则如图 46-4 所示。当然，设置规则因人而异，这里的参数设置仅起参考示范作用。

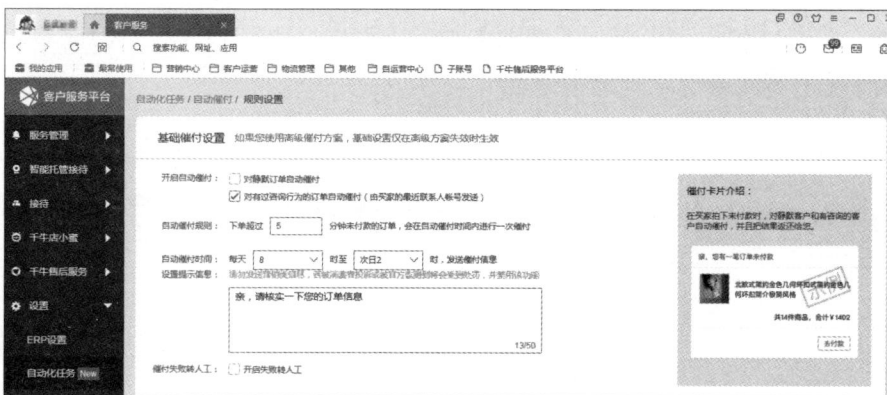

图 46-4

（4）催付的时间设置。可根据店铺客服的上班时间选择催付的时间。试想一下，如果店铺设置的自动催付时间过早或者过晚，客户收到消息后以为有客服在线，来咨询相关问题，却没有客服及时回应，客户的购物体验会好吗？此外，催付时间要避开客户的休息时间，在休息时间打扰客户是不礼貌的行为，也会引起客户的反感。非工作时间产生的未付款订单，后期可以人工催付。

（5）催付的话术设置。催付话术要灵活有趣，如食品类目就要甜甜的，母婴类目就要萌萌的，"网红店铺"就要酷酷的。任何销售行为，只要能第一时间吸引客户，成功的概率就会大大增加。催付话术的字数应控制在 50 个字以内（见图 46-5）。

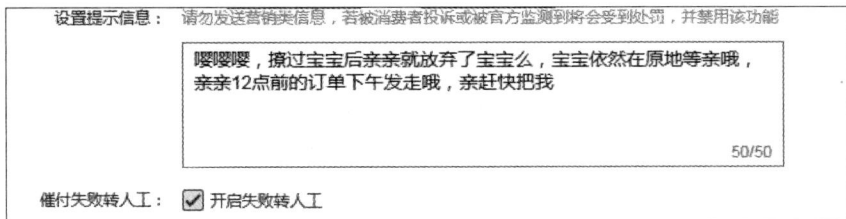

设置提示信息： 请勿发送营销类信息，若被消费者投诉或被官方监测到将会受到处罚，并禁用该功能

嘤嘤嘤，撩过宝宝后亲亲就放弃了宝宝么，宝宝依然在原地等亲哦，亲亲12点前的订单下午发走哦，亲赶快把我

50/50

催付失败转人工： ☑ 开启失败转人工

图 46-5

据不完全的后台数据统计，有效的催付可以使店铺的支付完成率提高 8% ～ 10%。当客服来不及催付的时候，自动催付就是客服的好帮手。

自动化任务里还有自动核对订单的功能，该功能可以有效地减少售后相关问题。客户付款成功后，系统会自动发送信息核对链接，请客户核对地址和订单信息。如果客户单击【修改】按钮，客服会收到修改申请的提示，第一时间进行地址和订单信息的修改。

47 用技巧提高旺旺回复率，降低客户流失率

新灯塔服务指标是店铺最重要的数据指标体系之一，直接影响商品搜索展示和店铺营销活动。在这一考核指标体系中，"咨询体验"没有什么技术含量，但很多店铺无法拿到 5 分。然而店铺想要在基础服务上得到 4 分以上，至少要有两个指标得到 5 分（见图 47-1）。

基础服务考核指标 ⑦ 4.332	营销准入 入围	入围标准 2.800	
体验维度	当前得分	考核指标/店铺表现	4分标准
商品体验 ⑦	3.0	商品评价 4.916	4.925
物流体验 ⑦	5.0	24小时揽收及时率 95.490%	76.544%
售后体验 ⑦	4.163	仅退款自主完结时长 0.18天 仅退款占比83.690%	0.28天
		退货退款自主完结时长 1.34天 退货退款占比16.310%	2.68天
纠纷投诉 ⑦	4.5	纠纷退款率 0.000%	0.000%
		投诉成立率 0.000%	0.004%
咨询体验 ⑦	5.0	阿里旺旺回复率 99.921%	98.596%
		阿里旺旺人工平均响应时长 19.54秒	53.83秒

图 47-1

有客服提出疑问：仔细查看了绩效软件里的客服明细，显示信息都回复了，为什么绩效软件中的数据和店铺基础服务考核的数据不一样呢（见图 47-2）？怎么才能使店铺旺旺回复率达到 100% 呢？

选择【客户之声】→【服务报告】→【咨询体验】→【未回复明细】，在弹出的界面中就可以清楚地查看具体的未回复明细。通过查看明细，可以分析是哪些问题导致未回复。通过以下方法优化，可以全面提升店铺的综合数据，降低客户流失率。

首先，查看店铺子账户分流设置，如开启了手机分流，检查店铺子账户是否有在手机上登录却没有回复的情况。

图 47-2

其次，数据是以自然日（即 24 小时）为单位计算的，晚上 12 点通常是晚班客服下班的时间，客户的消息有时候有延迟，所以经常有晚上 11 点 55 分以后发送的客户消息显示"未回复"的情况。解决方案就是客服提前 5 分钟把旺旺打开，回复消息后再下线，不要直接下线。

还有个细节，关于客户转接，要习惯先发转接语，再将客户转给团队其他客服。比如，如果 A 售前先将客户转到 B 售后账户上，A 售前旺旺上就会有一个无效回复。所以售前客服平时在转接客户时，要发转接语。

如果店铺晚上开启了服务助手功能，第二天早上记得把所有离线消息转给在线客服。

做到以上几点，店铺旺旺回复率将很可能达到 100%。